UML과 JAVA로 배우는

객체지향 설계 및 구현

핵심적이고 간결한 설명으로 쉽고 빠르게 객체지향 정복하기 2판

머리말

소프트웨어 개발에서 필수적인 요소는 코드 개발 능력뿐만 아니라 설계라고 할 수 있습니다. 설계는 개발의 전 단계 작업으로 구현 단계의 오류를 줄이고 개발 비용을 절감할 수 있는 중요한 단계라고 할 수 있습니다. 현재 산업계에서는 설계의 중요성을 인식하지만 일정에 쫓겨 설계의 비중을 줄이고 구현에 많은 시간을 쏟아붓고 있습니다. 그러나 결국 이후에 심각한 오류로 인해 더 많은 비용과 시간을 투자해야 하는 악순환을 반복하고 있는 실정입니다. 전체 일정이나 작업의 분량을 고려하여 설계 단계에 많은 노력을 투자하면 비용과 시간을 절감할 수 있다는 연구 결과에서 볼 수 있듯이 프로젝트 관리자는 이러한 마인드를 가져야 하며 소프트웨어 엔지니어들에게 제대로 된 방향성을 제시해야 할 것입니다.

본서는 이러한 산업계의 개발 성향을 조금이라도 개선해 보고자 소프트웨어 엔지니어들에게 설계와 개발의 연관성을 쉽고 빠르게 내재화할 수 있는 기초를 제공하려는 목적으로 집필되었습니다.

집필의 방향은 객체지향의 개념을 기본으로 하고 있으며, 객체지향 설계 언어인 UML(Unified Modeling Language)을 이용하여 설계할 수 있는 단계적인 접근 방법을 제시하고 있습니다. 또한 설계를 이해하는 단계로 끝나지 않고 개발을 통해 설계를 검증할 수 있도록 하였습니다. 개발 시 객체지향 언어인 자바를 이용하였으며 자바 구현 코드와 설계의 연관성을 제시하였습니다.

기존의 다른 UML 서적에서 제시하고 있는 UML 다이어그램의 표기법에 대한 사전적인 설명 방식에서 벗어나 객체지향 개념 위주로 UML 다이어그램들을 설명하고 있으며, 설계 다이어그램과 객체지향 구현 코드 간의 연관성을 이해하기 쉽도록 슬라이드 형태의 반복적인 방법으로 설명하였습니다.

본서의 저자들은 산업계의 경험을 바탕으로 실무적으로 이용할 수 있는 방향으로 책을 집필하였으며, 설계를 처음 접하는 소프트웨어 엔지니어나 소프트웨어를 학습하는 학생들에게 쉽고 빠르게 접근할 수 있도록 UML의 필수적이고 핵심적인 내용 위주로 개념들을 정리하여 구성하였습니다. 객체지향 설계를 배우려는 많은 소프트웨어 엔지니어들에게 설계의 기초를 제공해 드릴 것을 약속합니다.

본서를 집필하는 데 많은 노력을 기울여 주신 인피니티북스 분들께 감사드리며 질적 향상에 많은 조언을 해 주신 동료 교수님 및 산업계에 종사하고 계신 분들께도 감사드립니다. 또한 묵묵히 기다려주고 정신적으로 많은 도움을 준 가족들에게 감사드립니다. 그리고 모든 일이 착오 없이 진행될 수 있도록 인도해 주신 하나님께 모든 영광을 돌립니다.

앞으로도 본서는 정체되지 않고 최신 산업계 기술을 수용할 수 있는 형태로 계속 발전해 나갈 것을 약속드립니다.

2013년 3월

김철진, 조은숙, 배동희

Contents

Chapter

01

객체지향 개요

학 · 습 · 목 · 표

소프트웨어 개발 패러다임의 변화를 이해한다.

객체지향 모델링

객체지향 언어

목 · 차

01 소프트웨어 개발 패러다임의 변화

이 절에서는 소프트웨어 개발 패러다임이 어떻게 변화되어 왔는지에 대해 살펴본다.

1.1 소프트웨어 개발 패러다임

패러다임은 다른 말로 바라보는 시각, 뷰, 또는 관점이라고 할 수 있다. 그러면 소프트웨어 개발 패러다임이란 무엇인가? 이것은 소프트웨어 개발에 대한 시각이라 할 수 있다. 예를 들면, 소프트웨어 개발을 절차 중심으로 개발할 경우 절차 중심 개발 방식이라 하고, 객체 중심으로 바라보면 객체지향 개발 방식이라고 하는 것이다. 소프트웨어 개발에 있어서 개발 패러다임이 미치는 영향력은 엄청나다. 소프트웨어 개발 패러다임의 변화로 인해 소프트웨어 개발 비용, 소프트웨어 품질, 소프트웨어 유지보수에 있어서 많은 변화를 가져왔을 뿐만 아니라 지속적으로 변화를 가져올 것이다.

[그림 1-1]에서 처럼 새로운 기술의 발전속도에 맞춰서 소프트웨어 개발 패러다임도 끊임없이 변화될 것이다.

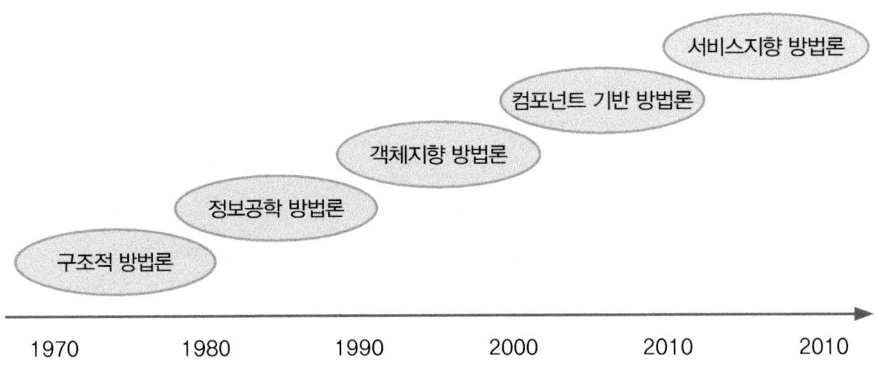

그림 1-1. 소프트웨어 개발 패러다임의 변화

1.2 절차지향 패러다임

절차지향 패러다임은 소프트웨어 개발에 있는 기능 중심 혹은 절차 중심의 관점에서 개발하는 방식을 말한다. 소프트웨어공학에서는 이를 구조적 개발 방식이라고 한다.

이 방식은 소프트웨어공학이라는 개념이 등장했을 때 처음 소개된 개발 방식으로서, 1970년대부터 1980년대 초반까지 소프트웨어 개발에 있어서 주류를 이루었던 패러다임이다. 그러나 이 패러다임은 소프트웨어 개발에 적용해 보았을 때, 소프트웨어 재사용이나 소프트웨어 유지보수에 있어서 많은 한계점을 드러냈다. 그 이유는 이 패러다임은 [그림 1-2]에서처럼 기능 또는 함수 중심으로 소프트웨어를 개발하기 때문에 데이터들은 국지화(Localization)가 되어 있지 않고 전역화(Globalization)되어 있어서, 개발 과정이나 혹은 개발 이후에 특정 데이터에 변경(예: 타입 변경 혹은 변수 명 변경 등등)을 가하거나 함수에 변경을 가하게 되면 전체 프로그램에 그 영향이 미치기 때문에 프로그램 변경이 매우 어렵게 된다.

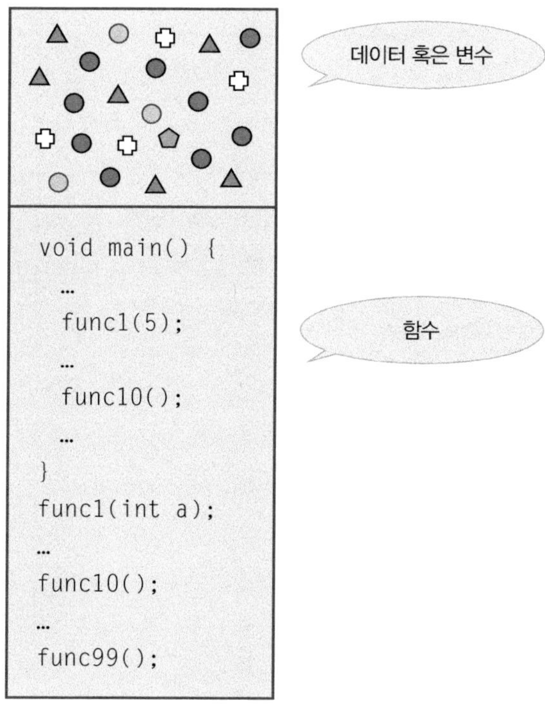

그림 1-2. 절차지향 프로그램

1.3 객체지향 패러다임

절차지향 패러다임의 문제점은 절차지향으로 개발된 프로그램에는 데이터와 함수들이 서로 연관되어 있지 않고, 데이터와 함수들이 분산되어 있다는 것이다. 이렇게 되면 데이터와 함수들이 독립적인 것처럼 취급되기 때문에 프로그램의 복잡도는 높아지고 프로그램의 모듈성은 매우 떨어지게 된다. 이러한 문제점을 해결 위해 등장한 패러다임이 객체지향 패러다임이다.

이 방식은 절차지향에서 분산되어 있던 데이터와 함수를 독립적인 모듈 단위인 객체 단위로 그룹핑해서 프로그램을 구성하는 패러다임이다. 따라서 [그림 1-3]에 나타난 것처럼 하나의 소프트웨어는 객체들의 집합으로 이루어져 있으며, 각각의 객체 속에는 관련된 데이터와 함수들이 포함되어 있다.

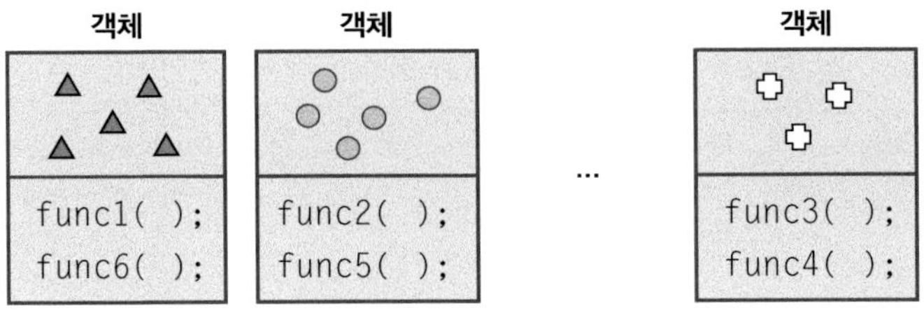

그림 1-3. 객체지향 프로그램

이렇게 구성됨으로써 이제는 절차지향에서 문제가 되었던 특정 데이터의 변경이나 함수의 변경이 전체 프로그램에 영향을 미치는 것이 아니라 변경할 데이터나 함수가 존재하는 객체에만 영향을 미치게 되었다. 이로써 프로그램의 수정이 훨씬 쉬워졌을 뿐만 아니라 소프트웨어 자체가 객체라는 모듈 단위의 집합이기 때문에 모듈성 또한 향상된 것이다.

02 객체지향 모델링

본 절에서는 소프트웨어 개발 프로세스 가운데 분석 및 설계 단계에 해당하는 모델링에 대한 전반적인 사항들을 살펴보도록 한다.

2.1 모델링 개념

모델링(Modeling)이란 모델을 만드는 작업으로서, 현실 세계를 단순화시켜 표현하는 기법을 말한다. 모델링은 소프트웨어 분야에 한정된 개념이 아닌 이미 여러 다양한 학문 분야 및 산업 분야 등에서 사용되고 있는 개념이다. 예를 들어, 건축에서 건축 설계를 모델링에 비유할 수 있고, 의상 디자이너가 옷을 디자인하는 작업 또한 모델링이라 할 수 있다. 이러한 모델링을 통해서 모델 혹은 도면이 만들어지게 되는 것이다. 이러한 모델을 바탕으로 건물이 지어지거나, 옷이 만들어지는 것이다. 이 개념을 소프트웨어에 적용해 본다면 소프트웨어를 모델링한다는 것은 개발할 소프트웨어에 대한 모델 혹은 도면을 만드는 작업이라 할 수 있다. 일반적으로 [그림 1-4]처럼 소프트웨어 개발 프로세스(공정)을 6단계로 구분한다. 이 6단계에서 분석과 설계 단계를 다른 말로 모델링 단계라고 부르기도 한다. 따라서 이 단계를 수행하고 나면 개발할 소프트웨어에 대한 다양한 산출물들이 나오게 되는데 이 산출물들을 모델들이라고 부른다. 이 모델들에 대한 형태는 다이어그램 형태가 될 수도 있고 명세서와 같은 스펙(Specification)이나 프로토타입(Prototype)이 될 수도 있으며, 이는 모델을 만드는 모델링 기법에 따라 다양하다.

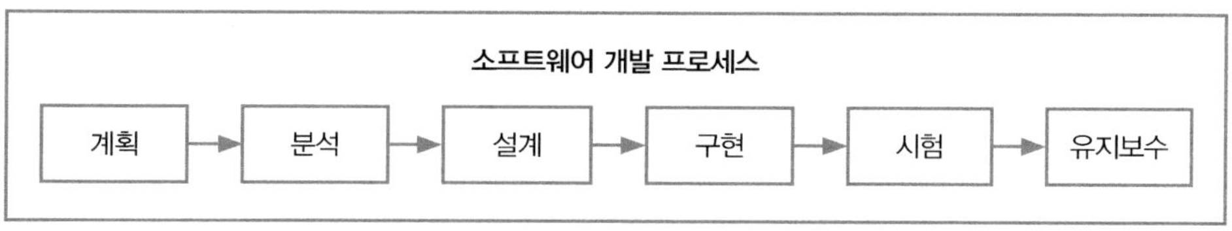

그림 1-4. 소프트웨어 개발 프로세스

2.2 모델링의 중요성

모델링을 하는 목적은 개발할 시스템의 범위나 구조 또는 기능들을 보다 용이하게 이해하기 위함이다. 시스템 개발에 있어서 개발할 시스템 도메인에 대한 이해가 무엇보다 중요하기 때문에 모델링은 더욱 중요하게 된다. 모델링은 실제 여러 다양한 분야(건축, 디자인, 영화, 제조, …)에서 이미 그 중요성이 인식되어 체계적인 공법을 적용하여 이루어져왔다. 그러나 소프트웨어 분야에서는 모델링의 중요성이나 필요성을 인식한지 그리 얼마 되지 않았다. 따라서 건축 등과 같은 분야에 비해서는 아직도 체계화가 덜 되어 있지만, 최근 들어 그 중요성에 대한 인식이 급증하고 있다. 그 이유는 이제는 소프트웨어가 비즈니스 영역에서 차지하는 비중이 커짐에 따라 소프트웨어의 규모나 복잡도가 기하급수적으로 증가했기 때문이다. 결국 소프트웨어를 개발하는 데 있어서 체계적인 공학적 기법을 적용하지 않고서는 고품질의 신뢰성 있는 시스템 개발이 불가능하게 되어 버린 것이다. 따라서 이제는 모델링 없이 소프트웨어를 개발한다는 것은 있을 수 없는 일이 되어 버렸다.

2.3 모델링 목표

앞서 설명한 바와 같이 모델링을 하는 목적은 개발할 실세계 도메인의 복잡한 내용들을 단순화시킴으로써 도메인에 대해 보다 정확하게 이해하기 위함이다. 이러한 목적을 달성하기 위해서는 모델링하는 데 있어서 다음과 같은 원칙들을 가지고 모델링을 해야 한다.

첫째, 해당 실세계 도메인을 잘 반영할 수 있는 모델을 선택해야 한다.

모델링은 실세계 현상을 단순화시키는 작업이기 때문에, 개발할 도메인과 잘 연결될 수 있는 모델을 선택하여 모델링을 해야 한다. 예를 들어, 주식 거래 시스템과 같은 경우에 있어서는 실시간으로 주가의 변동사항을 잘 표현하는 것이 이 도메인을 잘 반영하는 것이기 때문에 이러한 경우는 상태 모델을 만들어야 좋은 모델이라 할 수 있다.

둘째, 여러 다양한 각도에서 표현할 수 있는 모델들을 만들어야 한다.

어떤 시스템을 개발하는 데 있어서 하나의 모델을 가지고 그 시스템의 모든 구조, 행위, 상태, 작업 흐름 등을 다 표현하기란 불가능하다. 따라서 시스템을 모델링할 때 하나의 모델이 아닌 시스템의 구조적 측면, 기능적 측면, 동적 측면 등의 다양한 관점(혹은 뷰 포인트)에서 관점별로 모델들을 개발해야 해당 도메인에 대해 정확하게 파악할 수 있다.

셋째, 개발할 시스템에 적합한 모델을 선택해야 한다.

시스템에 따라서 해당 시스템이 직면하게 될 공격의 형태가 다양하고, 또한 이러한 공격에 대한 해결 형태 또한 다양할 수 있다. 따라서 어떠한 모델을 선택하느냐에 따라 개발할 시스템이 봉착하게 될 문제점이나 해결안의 표현이 쉽거나 혹은 어려워질 수 있다.

2.4 모델링 기대효과

모델링을 함으로써 얻을 수 있는 기대효과는 다음과 같다.

첫째, 개발할 시스템을 가시화시킬 수 있다.

하드웨어와 달리 소프트웨어는 눈에 보이지 않기 때문에 고객이 자신이 요구한 요구사항대로 개발이 이루어지는지, 혹은 개발될 시스템의 형태가 어떠한 모습인지 전혀 알 수 없다. 따라서 모델링을 통해 개발할 시스템의 기능이 어떤 것들인지, 시스템의 내부 구조는 어떻게 형성되는지 등등 다양한 형태의 모델들을 통해 개발될 시스템의 형태를 가시적으로 보여줄 수 있게 된다. 이는 결국 고객과 개발자 간의 의사소통을 원할하게 해줄 뿐만 아니라 요구사항에 부합한 시스템을 개발할 수 있도록 해준다.

둘째, 개발할 시스템에 대해 명세화시킬 수 있다.

건축물에 있어서도 평면도, 입체도, 조감도 등 다양한 형태의 모델들을 통해서 건물에 대한 명세화를 한다. 이와 마찬가지로 소프트웨어에 있어서도 소프트웨어의 구조에 대한 명세화, 기능에 대한 명세화, 워크 플로우에 대한 명세화, 상태 명세화 등등 다양한 명세화를 모델링을 통해 할 수 있다. 이러한 명세화를 통해 개발 시스템의 범위를 보다 정확히 이해할 수 있다.

셋째, 개발할 시스템 구축에 대한 기초를 마련할 수 있다.

개발 프로세스를 살펴보면 개발 모델링 단계 즉, 분석 및 설계 단계 이후에는 실제 구현단계를 수행하게 된다. 이 구현단계에 들어가기 위해서는 모델링 단계의 산출물이 입력물로 사용된다. 따라서 모델링의 산출물이 구현을 위한 기반을 마련하는 것이다. 최근에는 이를 더욱 용이하게 하기 위해서 설계단계의 산출물을 가지고 CASE 도구에서 소스코드 생성 기능을 통해 개발할 언어에 따른 템플릿 코드까지 자동생성해준다. 이렇게 되면, 개발자는 함수의 로직이나 일부 내용만 수정하면 되기 때문에 구현이 보다 빨리 이루어진다.

2.5 객체지향 모델링 언어

모델링 기법 역시 처음에는 절차지향에 기반을 둔 구조적 모델링 기법이 사용되었다. 그러나 이 구조적 모델링 기법은 개발되는 산출물들 간의 연계성이 제대로 반영되지 않을 뿐만 아니라, 모델링 단계를 통해 개발된 모델들이 구현단계에 필요한 입력물의 기능을 거의 반영하지 못했다. 이로 인해, 구조적 모델링 기법은 모델링으로서의 목적이 제대로 달성되지 못하는 등 여러 가지 한계점을 드러냈다.

이러한 구조적 모델링 기법이 갖는 한계점을 극복하기 위해 새롭게 등장한 모델링 패러다임이 객체지향 모델링 기법이다. 이 객체지향 모델링 기법 또한 초기에는 여러 다양한 기법들이 소개되었지만, 너무 많은 형태의 모델링 기법들로 인해 모델링 기법들에 대한 선택이 어려웠고 모델링 기법마다 다양한 표기법들의 사용으로 인해 호환이 어렵게 되었다. 따라서 OMG(Object Management Group)라는 산업계 컨소시엄에서 객체지향 모델링 기법을 하나의 표준으로 제정하기로 결의하였다. 이러한 결의를 통해 개발된 것이 바로 UML(Unified Modeling Language)이다. 그런데 OMG에서는 객체지향 모델링 기법이 아닌 객체지향 모델링 언어로 UML을 공표하였는데, 그 이유는 프로젝트에 따라 또는 기업체마다 적용하는 기법은 다양하기 때문에 표준화된 형태로는 프로그래밍 언어처럼 표기법과 의미만을 제공하는 모델링 언어로 공표한 것이다.

이 책에서 객체지향 모델링 장치로 UML을 사용하게 된 이유도 전세계 산업계 표준으로 UML이 채택되어서 사용해 오고 있기 때문이다.

UML은 1980년대 말부터 1990년대 초에 객체지향 방법론들이 우후죽순처럼 등장하자 1990년대 중반 즈음에 부치(Booch), 럼바우(Rumbaugh), 야콥슨(Jacobson) 세 사람에 의해 각자의 객체지향 방법론을 통합하여 Unified Method라는 것을 개발한 시점에서 출발한다. 그러나 방법론으로 만드는 것은 프로세스가 포함되기 때문에 프로젝트에 따라 적용하는데 있어서 유연성이 떨어진다는 이유로 프로세스가 제외시켜서 모델링 언어의 형태인 UML 1.0으로 변경하게 되었다. 1997년 11월에 OMG에서 표준 객체지향 모델링 언어로 UML 1.1을 채택하게 되었으며, 현재 UML 2.0까지 출시되어 있다.

03 객체지향 언어

객체지향 언어로는 C++, Smalltalk, Java 등과 같은 여러 언어들이 존재한다. 이 책에서는 이러한 객체지향 언어들 가운데 자바 언어를 객체지향 개념을 구현하는 언어로 사용하고자 한다. 그 이유는 자바 언어가 현재 산업계에서 많은 요구가 증가되고 있을 뿐만 아니라 객체지향의 개념과 UML의 장치들과 연관하여 표현할 수 있는 장치들을 모두 갖고 있기 때문이다. 이 절에서는 자바 언어에서 객체지향 개념을 지원하는 장치들에 대해서 간단히 언급하고자 한다.

3.1 클래스

자바 언어에서는 객체 지향 개념의 클래스를 class라는 키워드를 통해서 클래스를 구현할 수 있도록 제공하고 있다. 또한 이 클래스를 구성하는 속성, 클래스의 행위 또는 기능을 멤버 함수 형태로 제공하고 있다. 그리고 각각의 변수나 함수들에 대해서 정보은닉 장치로 private, protected, public 등의 접근 권한자(Access Specifier)라는 장치를 통해 제공하고 있다.

3.2 객체

자바 언어에서는 클래스로부터 객체를 생성하기 위해 [그림 1-5]처럼 new 연산자와 객체 생성함수 또는 생성자(Constructor)를 통해 객체를 생성할 수 있도록 하고 있다. 또한 생성된 객체 단위로 특정 객체에 서비스를 요청하는 메시지를 전송할 수 있도록 하고 있다.

```
클래스명 객체참조명 = new 객체 생성함수;
예 Order o1 = new Order();
   o1.processOrder();
```

그림 1-5. 자바에서의 객체 생성 및 메시지 전송

3.3 상속

자바 언어에서는 객체지향 개념의 상속개념을 extends라는 키워드를 통해 상속 구조를 구현할 수 있도록 제공하고 있다. 이 extends를 통해서 일반 클래스 간의 상속관계, 추상 클래스와 일반 클래스

간의 상속관계, 그리고 인터페이스 간의 상속관계를 표현할 수 있도록 하고 있다. 상속관계를 통해 함수 오버로딩, 함수 오버라이딩 메커니즘을 실현할 수 있도록 제공하고 있다.

3.4 추상 클래스

자바 언어에서는 추상 클래스 장치를 구현하기 위해서 클래스명 앞에 abstract라는 키워드를 선언함으로써 추상 클래스를 구현할 수 있도록 하고 있다. 또한 추상 클래스 내의 추상 함수를 표현하기 위해서 함수명 앞에 abstract라는 키워드로 일반 함수와 구별짓고 있다. 상속관계에 있는 하위 클래스들에서 이 추상 함수를 구현함으로써 함수 오버로딩을 구현할 수 있도록 하고 있다.

3.5 인터페이스

자바 언어에서는 객체 지향 개념의 인터페이스를 구현하기 위한 장치로 interface라는 키워드를 통해 인터페이스를 정의할 수 있도록 하고 있다. 인터페이스는 함수들의 집합이므로 인터페이스에 있는 모든 함수들은 public으로만 선언하도록 하고 있으며, 인터페이스에 선언된 함수들은 모두 클래스를 통해서만 구현할 수 있도록 하고 있다. 따라서 클래스와 인터페이스 간의 관계는 상속이 아닌 구현으로서 '클래스 implements 인터페이스' 라는 형태로 클래스가 인터페이스를 구현하도록 하고 있다.

3.6 컴포넌트

자바 언어에서는 JavaBean과 EJB(Enterprise Java Bean)라는 2개의 기술 플랫폼을 통해 컴포넌트를 구현할 수 있는 장치를 제공하고 있다. 이 2개의 플랫폼들에서는 컴포넌트 개념들을 반영하여 인터페이스와 인터페이스를 구현하는 컴포넌트 클래스 등에 대한 규약들을 지정하고 있다. 특히 비즈니스 컴포넌트 개발을 위한 EJB 컴포넌트에서는 모든 EJB 컴포넌트는 반드시 홈 인터페이스(Home Interface)와 원격 인터페이스(Remote Interface) 혹은 로컬 인터페이스(Local Interface)를 정의하도록 명시하고 있으며, 컴포넌트 구현 장치로 빈 클래스 형태로 구현하도록 명시하고 있다. 또한 컴포넌트를 서버에 배치하기 위해서는 디플로이먼트 디스크립터(Deployment Descriptor)라는 파일에 배치할 컴포넌트들에 대한 명세를 정의하도록 하고 있다.

요약

❶ 절차지향 패러다임은 기능 또는 함수 중심으로 소프트웨어를 개발하는 방식을 말한다.

❷ 객체지향 패러다임은 절차지향에서 분산되어 있던 데이터와 함수를 독립적인 모듈 단위인 객체 단위로 그룹화해서 프로그램을 구성하는 패러다임이다.

❸ 모델링(Modeling)이란 모델을 만드는 작업으로서, 현실 세계를 단순화시켜 표현하는 기법을 말한다.

❹ 모델링을 하는 목적은 개발할 실세계 도메인의 복잡한 내용들을 단순화시킴으로써 도메인에 대한 보다 정확한 이해를 하기 위함이다.

❺ 모델링을 함으로써 개발할 시스템을 가시화, 명세화할 수 있을 뿐만 아니라 개발할 시스템 구축에 필요한 기초를 마련할 수 있다.

❻ UML은 객체지향 모델링 언어로서 OMG에서 정한 모델링 표준이다.

❼ 객체지향 핵심 개념에는 클래스, 객체, 상속, 추상 클래스, 인터페이스, 컴포넌트 등이 있다.

연습 문제

1. 소프트웨어 개발 패러다임에 대해 설명하시오.

- 절차지향 패러다임

- 객체지향 패러다임

2. 모델링 개념에 대해 설명하시오.

3. 소프트웨어 개발 프로세스 6단계를 정의하시오.

4. 모델링의 원칙 2가지를 기술하시오.

5. 모델링의 기대효과 2가지를 기술하시오.

6. 대표적인 객체지향 모델링 언어는 무엇인가 ?

7. 객체지향 개념에 대해 설명하시오.

- 클래스

- 객체

- 상속

- 인터페이스

8. 컴포넌트 개념에 대해 설명하시오.

Chapter

02 클래스

학·습·목·표

클래스의 개념과 특징을 이해한다.

클래스와 객체 간의 관계를 이해한다.

UML에서의 클래스 표기법과 모델링 기법을 이해한다.

자바 언어에서의 클래스 표기법과 클래스 구현 기법을 이해한다.

목·차

01 클래스의 개념과 특성

이 절에서는 클래스에 대한 개념과 그 특징을 알아보고 흔히 혼동하기 쉬운 클래스와 객체의 차이점을 살펴본다.

1.1 클래스 개념

클래스에 대한 개념은 바라보는 시각에 따라 다양하게 표현이 가능하다. 즉, 분석 및 설계 입장에서는 추상적 개념으로 표현할 수 있고, 프로그래머 입장에서는 구체적인 구현 관점으로 표현할 수도 있다. 이런 클래스를 객체지향 개념 관점으로 표현하면 다음과 같다.

● 클래스는 명세 장치이다.

일반적으로 여러 사물들은 타입을 지니고 있으며, 동일 타입으로 생성된 여러 사물들이 존재한다. 예를 들어, 사람 개개인은 사물에 비유될 수 있으며 개개인은 사람 혹은 인간이라는 타입으로부터 생성되었다고 볼 수 있다. 따라서 이런 의미에서 클래스는 여러 유사 객체들이 공통적으로 갖는 속성이나 행위를 기술하는 명세 장치로 볼 수 있다.

예를 들어, 인터넷 쇼핑몰의 경우를 살펴보자. 인터넷 쇼핑몰의 고객은 수십 혹은 수천 명에 이를 것이다. 그러나 이들 고객들이 회원 가입을 할 때 회원 가입에 나타나는 가입 양식은 동일하다. 즉, 각각의 개별 회원들이 회원 가입에 적는 항목들은 다르지만, 모든 회원들은 공통적으로 '아이디(userId)', '비밀번호(password)', '이름(name)', '주민등록번호(ssn)', '생년월일(birthDate)', '집주소(homeAddress)', '집전화번호(homePhone)', '회사명(companyName)', '부서명(deptName)', '직장주소(officeAddress)', '직장전화번호(officePhone)', '직장우편번호(officeZipCode)', '이메일(email)' 등과 같은 속성들을 갖는다. 따라서, 하나의 회원 클래스로부터, 각각의 고객이 회원 가입을 함으로써 개별 회원 객체가 생성되는 것을 말한다. 이러한 의미에서 클래스는 객체들에 대한 명세 장치 또는 도구라고 볼 수 있다.

1.2 클래스의 특성

그림 2-1. 클래스의 특성

❶ 클래스는 고유한 이름을 지닌다.

객체의 일반적인 특성 중 하나가 각 객체는 다른 객체와의 구별을 위한 유일한 식별자를 갖는다는 것이다. 이와 마찬가지로 특정 도메인에서 클래스가 중복될 수 없기 때문에 클래스도 다른 클래스와 구별되기 위한 고유한 이름을 갖는다. 따라서 특정 도메인에서 클래스를 추출하여 표현할 때는 이름이 중복되거나 이름은 다른데 의미가 동일한 클래스가 존재해서는 안된다. 쇼핑몰의 경우 '고객(Customer)' 클래스와 '회원(Member)' 클래스는 이름은 상이하더라도 의미가 동일하기 때문에 둘 중 하나만 선택하여야 한다. 가장 해당 도메인에 많이 사용하는 용어를 선택하는 게 바람직하다. 위의 경우는 '고객' 클래스가 '회원' 클래스보다 더 쇼핑몰 분야에 적합하다고 볼 수 있다. 이처럼 클래스의 고유한 이름이 해당 클래스를 다른 클래스와 구별하기 위한 식별자 역할을 담당하게 된다.

❷ 클래스는 속성을 지닌다.

클래스는 의미 있는 정보 저장소 역할을 하기 위해 속성을 내포한다. 이 속성(Property 또는 Attribute)을 자바 언어와 같은 구현 관점에서는 상태 변수, 멤버 변수 혹은 멤버 데이터 등으로 표현한다. 이는 객체의 특성 중 하나인 '객체는 상태를 갖는다'와 연관성을 갖는다. 즉, 특정 객체의 모태인 클래스에 필요한 속성이 없다면, 그 클래스로부터 생성된 객체도 상태를 갖지 못한다. 예를 들어, '고객' 클래스에 속성으로 '아이디', '비밀번호', '이름' 등과 같은 속성들이 없다면, '고객' 클래스로부터 생성된 '홍길동' 고객 객체는 아이디는 'hong123', 비밀번호는 'hkd1111', 이름은 '홍길동'이라는 상태를 갖을 수 없다. 물론 클래스는 상태(값)를 갖지는 않고 다만 속성 선언만 할 뿐이다. 상태는 개별 객체들이 갖게 된다.

❸ 클래스는 잘 정의된 행위를 지닌다.

클래스의 세 번째 특성은 클래스는 잘 정의된 행위를 지녀야 한다. 행위를 구현 관점에서 표현하면 메소드, 멤버 함수라 할 수 있다. 여기서 잘 정의된 행위란 클래스가 내포하고 있는 속성들을 사용하여 처리하는 기능을 의미한다. 예를 들어, '고객' 클래스 내에 속성으로 '아이디', '비밀번호', '이름', '주민등록번호','주소' 등이 있을 때, 고객 클래스 내에 존재해야 하는 행위로는 '회원가입', '회원정보수정', '회원탈퇴' 등을 들 수 있다.

1.3 클래스와 객체

객체지향 개념을 처음 접하면서 흔히 혼동하는 것 중 하나가 클래스와 객체이다. 이 둘의 관계를 하나씩 구체적으로 비교하면서 알아보도록 한다.

⊖ 객체지향 개념

클래스와 객체의 관계

1. 클래스는 틀이고 객체는 실사례이다.
2. 클래스는 상태가 없고 객체는 있다.
3. 클래스와 객체는 동일한 속성수와 메소드 수를 갖는다.

⊕ UML

⊕ 자바

그림 2-2. 클래스와 객체 간의 관계

❶ 클래스는 틀이고 객체는 실사례이다.

일부 책에서는 클래스 대신 객체 타입(Object Type)이라는 용어를, 객체 대신 인스턴스(Instance)라는 용어를 사용하기도 한다. 정의에서 기술한 것처럼 클래스는 객체들의 공통된 속성과 행위를 기술하는 명세 장치 즉, 틀에 해당하기 때문에 오브젝트 타입이라는 용어로도 표현할 수 있다. 그리고 객체는 오브젝트 타입이라는 틀에서 찍혀 나온 실제 사물이기 때문에 인스턴스 혹은 실사례 또는 실예라는 표현을 쓰기도 한다.

이와 같은 개념은 인터넷 쇼핑몰을 예로 들면 쉽게 이해할 수 있다. 인터넷에서 회원 가입 양식을 보면 회원 가입 양식은 누구에게나 동일하다. 그러나 회원 양식을 통해 회원 가입이 이루어지면 한 명의 고객이 생성되는 것이다. 여기서 회원 가입 양식은 '고객(Customer)' 클래스로 표현될 수 있고, 회원 가입을 통해 등록된 각각의 회원은 고객 객체가 된다. 예를 들어, '강사랑'이란 사람이 회원 가입을 하게 되면, 고객 클래스로부터 고객 객체 하나가 생성되는 것이다. 이 관계를 코드로 표현하면 다음과 같다.

```
//고객(Customer) 클래스 정의
class Customer{
String userId;
String password;
String name;
String ssn;
String birthDate;
String homeAddress;
String homePhone;
String homeZipCode;
String companyName;
String deptName;
String officeAddress;
String officePhone;
String officeZipCode;
String email;
public void addCustomer(){…};
public void updateCustomer() {…};
public checkMember(String id, String password){…};
public void changeAddress() {…}
//…
}
// Customer 클래스로부터 c1 객체 생성
Customer c1 = new Customer("1234", "cust01", "강사랑","8012102951417",
                          "19801210", "서울시 중랑구 면목동 39-2", "492-2632",
                          "131-702", " ", " ", " ", " ", " ",
                          "lovekang@hanmail.net");
```

그림 2-3. 고객 클래스와 객체

❷ 클래스는 상태를 갖지 않지만, 객체는 상태를 갖는다.

클래스와 객체 모두 내부적으로 속성을 내포하고 있다. 그러나 클래스는 속성에 대한 선언만 내포하고 있는 반면에 객체는 선언된 각 속성들에 대해 값을 지닌다. 이러한 값을 객체의 상태라고 표현한다. 프로그래밍 관점에서 표현하면 클래스는 멤버 변수에 대한 선언만 하지만, 객체는 각 멤버 변수들에 대한 값을 지닌다는 의미이다. 예를 들어 [그림 2-4]처럼 학생 클래스에는 단지 변수들에 대한 타입만 선언되어 있다. 각 변수(속성)들에 대한 값이 지정되어 있지 않다. 그러나 해당 클래스로부터 생성된 '이자바' 학생 객체에는 객체 생성과정을 통해 이 객체의 학번은 '0700011', 이름은 '이자바', 수강과목은 '자바프로그래밍', 담당교수는 '박이한', 학년은 2, 학교명은 '한국대학교', 성적은 'A' 등의 값이 지정되어 있다. 이 각각의 값을 이자바 학생 객체의 상태라고 한다.

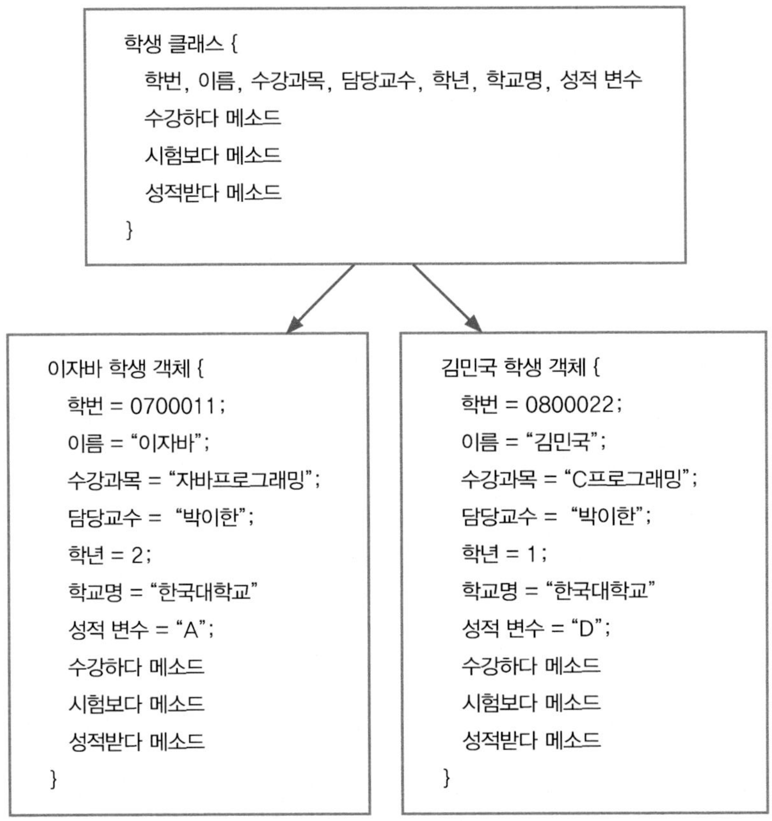

그림 2-4. 클래스와 객체와의 관계

예외적으로 클래스가 상태 값을 갖는 경우가 존재할 수 있다. 이는 클래스 단위로 상태 값이 필요한 경우이다. 예를 들어, '주문건수' 속성은 주문 클래스에서 관리해야 하는 속성이다. 그 이유는 주문 클래스로부터 주문 객체들이 생성될 때마다 즉, 주문이 발생할 때 몇 건의 주문이 발생했는지를 관리하는 속성이기 때문이다. 이러한 속성은 구현 시 해당 클래스의 정적 변수(Static Variable)로 선언되게 된다. 이와 반대로 '주문' 클래스에서 '주문번호', '주문일자', '주문금액' 등은 객체 별로 해당 객체 내에 존재해야 속성이다. 이러한 속성들을 동적 변수라는 표현을 사용하기도 한다.

❸ 클래스와 객체는 동일한 속성 및 메소드 수를 갖는다.

한 클래스로부터 생성되는 객체들의 속성이나 메소드 수는 동일하다. [그림 2-5]와 같이 '학생' 클래스로부터 생성되는 '이자바', '김민국' 학생 객체들은 모두 동일한 속성 수와 메소드 수를 갖는다.

```
학생 클래스 {
  학번, 이름, 수강과목, 담당교수, 학년, 학교명, 성적 변수
  수강하다 메소드
  시험보다 메소드
  성적받다 메소드
}
```

```
이자바 학생 객체 {
  학번 = 0700011;
  이름 = "이자바";
  수강과목 = "자바프로그래밍";
  담당교수 = "박이한";
  학년 = 2;
  학교명 = "한국대학교"
  성적 변수 = "A";
  수강하다 메소드
  시험보다 메소드
  성적받다 메소드
}
```

```
김민국 학생 객체 {
  학번 = 0800022;
  이름 = "김민국";
  수강과목 = "C프로그래밍";
  담당교수 = "박이한";
  학년 = 1;
  학교명 = "한국대학교"
  성적 변수 = "D";
  수강하다 메소드
  시험보다 메소드
  성적받다 메소드
}
```

그림 2-5. 클래스와 객체의 속성 및 메소드 수

02 UML에서의 클래스 모델링

UML(Unified Modeling Language)에서 클래스는 시스템의 구성 요소를 나타내는 표기이며, 클래스 표기들을 이용하여 클래스 다이어그램(Class Diagram)을 작성할 수 있다. 클래스 다이어그램은 클래스들 간의 관계를 표현하여 시스템의 정적인 구조를 설계한다.

2.1 클래스 표기법

UML을 이용한 클래스 표기는 클래스의 특성을 반영하여 정의할 수 있으며, 클래스 특성을 반영하기 위해 3행(row)으로 구성된 박스(Box)로 표기한다.

객체지향 개념

클래스의 특성

1. 클래스는 고유한 이름(클래스명)을 가진다.
2. 클래스는 속성을 지닌다.
3. 클래스는 잘 정의된 행위를 가진다.

UML

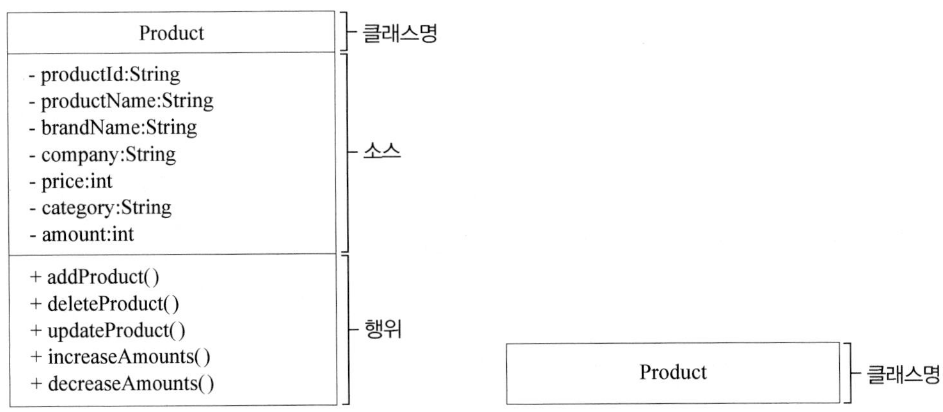

(가) 클래스 구성요소에 의한 클래스 표기　　(나) 클래스명에 의한 클래스 표기

자바

그림 2-6. 클래스 표기

2.1.1 클래스

클래스 표기는 클래스 다이어그램의 핵심 구성 요소로서 클래스명, 속성, 행위(함수)로 구성된다. [그림 2-6]의 (가)와 같이 클래스 속성과 행위를 모두 포함해서 상세하게 설계할 수도 있고 클래스들 간의 관계에 집중하여 (나)와 같이 클래스명을 이용해 설계할 수도 있다.

2.1.2 속성

클래스의 속성은 [그림 2-7]과 같이 가시성(Visibility), 속성명, 데이터 타입 순으로 표기되며 초기값은 선택적으로 지정할 수 있다.

```
가시성 속성명 : 데이터_타입
가시성 속성명 : 데이터_타입 = 초기값
```

그림 2-7. 클래스 속성 표기

- 가시성은 객체지향 개념의 정보은닉(Information Hiding)을 설계하기 위한 도구로서 정보나 행위의 공개 여부를 결정할 수 있다. 가시성의 종류는 다음과 같다.
  - Public : 해당 클래스의 모든 정보를 공개한다. UML에서는 '+' 로 표기한다.
    예 `+productName:String`
  - Private : 해당 클래스의 정보를 외부에 공개하지 않고 내부에서만 사용하도록 한다. UML에서는 '-' 로 표기한다.
    예 `-productId:String`
  - Protected : 상속받은 서브 클래스에게만 공개하고 외부에는 공개하지 않는다. UML에서는 '#'로 표기한다.
    예 `#amount:float`
- 속성명은 클래스의 필수 항목으로서 한 클래스 내에서 유일한 속성명을 가져야 한다.
- 데이터 타입은 기본 데이터 타입(Primitive Data Type)이나 객체 타입으로 정의될 수 있다. 기본 데이터 타입은 개발 프로그래밍 언어의 특성에 맞게 정의될 수 있으며 객체 타입은 다른 클래스를 타입으로 정의하여 복합객체를 설계할 수 있다. 속성의 사용은 행위의 알고리즘에 영향을 줄 수

있으므로 신중하게 결정해야 한다.

2.1.3 행위(함수)

클래스의 행위는 [그림 2-8]과 같이 가시성, 행위명, 매개 변수, 데이터 타입순으로 표기된다.

```
가시성  행위명 ( 매개변수 ) : 데이터_타입
```

그림 2-8. 클래스 행위 표기

- 행위 가시성은 클래스 속성의 가시성과 그 정의가 같고 Public(+), Private(-), Protected(#), Friendly(~)를 이용하여 정의할 수 있다. 클래스의 행위는 기능을 제공하기 위한 함수이므로 외부에서 이용할 수 있도록 Public으로 정의하여 이용할 수 있도록 한다. 클래스 내부에서만 사용되는 함수 인 경우에는 주로 Private으로 정의하여 클래스 사용의 오용을 막을 수 있도록 한다.
- 행위명은 동사 형태로 정의하여 기능에 대한 명확성을 줄 수 있도록 한다. 예를 들면, addItem, computeTotalAmount, deleteShoppingCart 등으로 정의하여 행위명 만을 통해서 기능에 대한 의미를 파악할 수 있도록 한다. 클래스 내에서 유일할 필요는 없으며 동일한 행위는 매개변수의 구성(매개 변수의 개수 및 매개 변수의 데이터 타입)에 따라 다양하게 정의할 수 있다. [그림 2-9]와 같이 processOrder의 동일한 행위명은 한 클래스 내에서 여러 개 정의할 수 있지만 매개 변수의 구성, 즉 매개 변수의 개수가 다르게 구성되므로 행위가 구별될 수 있다. 이와 같이 행위명은 동일하고 매개 변수의 구성에 따른 다양한 행위를 오버로딩(Overloading) 이라고 한다.

```
+ processOrder ( orderId : String )
+ processOrder ( orderId : String, userId : String)
```

그림 2-9. 클래스 행위의 오버로딩 예제

- 행위의 매개 변수 표기는 매개 변수명과 데이터 타입의 구성으로 표기된다. [그림 2-10]과 같이 행위에서 요구되는 입력 데이터의 개수만큼 매개 변수와 데이터 타입을 반복하여 표기한다.

매개변수명$_1$: 데이터_타입$_1$, 매개변수명$_2$: 데이터_타입$_2$, … 매개변수명$_N$: 데이터_타입$_N$

그림 2-10. 행위 매개 변수 표기

- 데이터 타입은 반환값에 대한 데이터 타입을 나타낸다. 행위, 즉 함수가 처리된 후에 처리결과를 반환할 경우 반환값에 대한 데이터 타입을 표기하고 반환값이 없는 경우에는 데이터 타입을 표기하지 않는다. [그림 2-11]과 같이 첫 번째 행위는 Boolean 타입의 결과값을 반환하며, 두 번째 행위는 결과값을 반환하지 않는다.

```
+ processOrder ( orderId : String ) : Boolean
+ processOrder ( orderId : String, userId : String )
```

그림 2-11. 클래스 행위의 오버로딩 예제

2.2 클래스들 간의 관계 표기법

클래스는 독립된 단일 기능을 제공하며 이런 클래스들은 관계 형성을 통해 시스템에서 요구하는 기능을 제공할 수 있다. UML 클래스 다이어그램의 연관(Association), 포함(Aggregation, Composition), 상속(Inheritance) 관계 표기를 이용하여 클래스 간의 관계를 설계할 수 있다.

2.2.1 연관관계

연관관계(Association)는 클래스들 간에 요구하는 행위를 사용하는 관계를 의미한다. 예를 들어 [그림 2-12]의 (가)에서와 같이 클래스 1이 클래스 2의 특정 행위를 사용하는 경우 클래스 1과 클래스

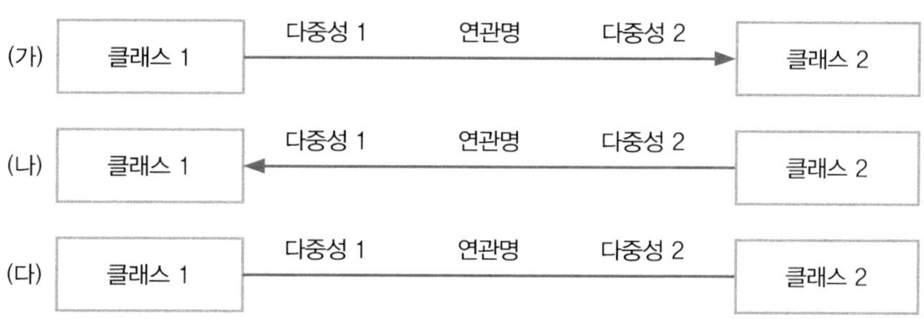

그림 2-12. 연관관계 표기

2는 연관관계를 갖고 있다고 할 수 있다. 연관관계는 [그림 2-12]와 같이 클래스들 간에 실선으로 표기하며 연관명과 다중성으로 구성된다.

클래스들 간에 연관관계를 화살표로 표현하며 [그림 2-12]의 (가)와 같이 클래스 1이 클래스 2의 행위를 사용할 경우 클래스 1에서 클래스 2로의 화살표를 표기한다. (나)의 경우는 반대의 경우이며 (다)의 경우는 클래스 1와 클래스 2가 서로의 행위를 사용하는 경우이다.

화살표로 표현된 (가)와 (나)는 단방향성을 갖는 연관관계라고 하며, (다)는 양방향성을 갖는 연관관계이다.

연관명은 클래스들 간에 어떤 연관관계를 갖고 있는지를 나타내며 한 클래스 입장에서 행위가 사용되는 클래스와의 관계를 나타낸다. [그림 2-13]은 쇼핑몰에서 주문 클래스 Order는 'ShoppingCart 클래스의 임시 선택된 상품정보를 통해 주문을 수행하기 때문에 Order와 ShoppingCart 클래스 간에는 주문 관계를 갖는다.

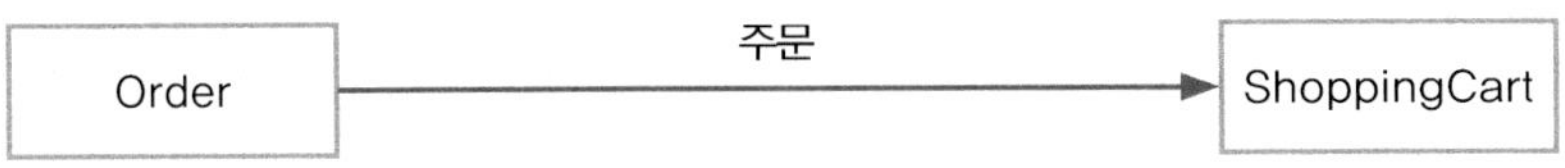

그림 2-13. 연관명 표기 예제

다중성은 클래스들 간에 얼마나 많은 클래스들과 관계를 가지고 있는지를 나타내기 위한 표기이다. [그림 2-14]에서와 같이 행위를 사용하는 클래스와 사용되는 클래스 양쪽에 다중성을 표기하여 얼마나 많은 클래스가 사용되며 얼마나 많은 클래스가 사용하는 지를 설계할 수 있다. 다중성은 [그림 2-14]와 같이 1, *, 1..*, 2..4 등으로 표기할 수 있다. 단독으로 표현되는 숫자는 해당 개수의 클래스(객체)와 관계를 갖는 다는 의미이며, 두 점(..)으로 표현된 다중성은 숫자 사이의 개수만큼 클래스와 관계를 갖는다는 의미이다. * 표기는 0부터 다수 개의 클래스(객체)와 관계를 갖는다는 의미이다.

[그림 2-15]는 쇼핑몰에서 쇼핑 카트가 다수 개의 상품을 임시로 주문하는 경우의 다중성을 표기한 사례이다. ShoppingCart는 한 개 이상의 Product를 임시주문하므로 다중성을 1..*로 표기하였으며, Product 클래스 입장에서는 하나의 ShoppingCart에만 임시주문되기 때문에 다중성을 1로 표기한다.

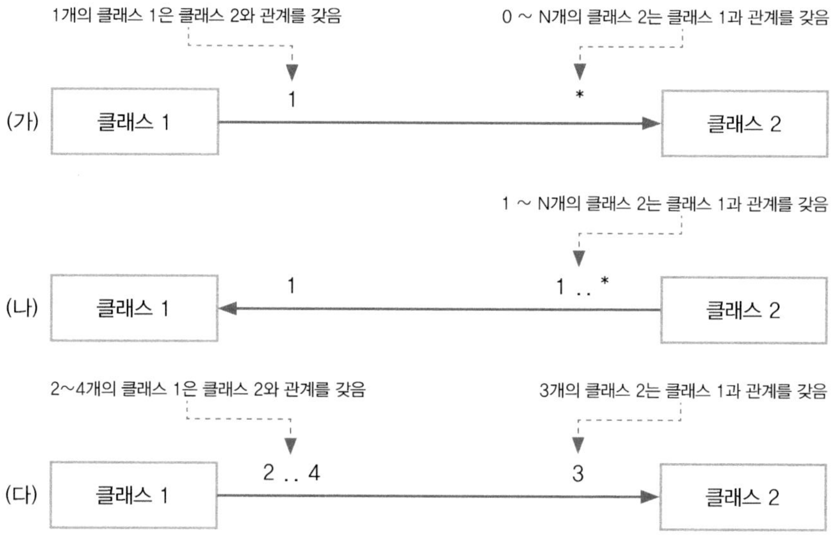

그림 2-14. 다중성 표기

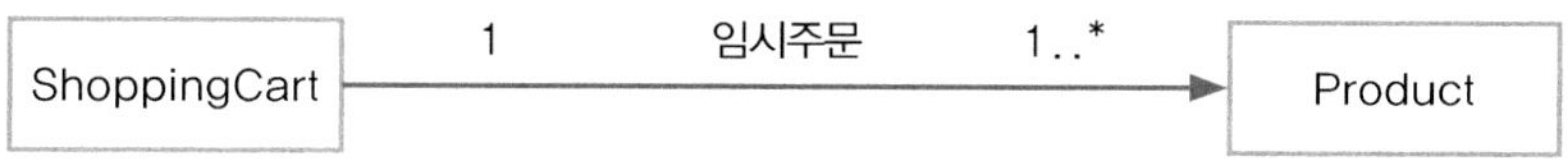

그림 2-15. 다중성 표기 예

03 자바 클래스 구현

자바는 객체지향 설계를 가장 효과적으로 구현할 수 있는 객체지향 프로그래밍 언어이다. UML을 이용하여 설계한 클래스를 자바의 프로그래밍 문법과의 연관관계를 살펴보고 구현한다.

3.1 클래스 구현

3.1.1 클래스

자바의 클래스 코드는 가시성, class 예약어, 클래스명, 중괄호({})로 선언하며 중괄호 사이에 속성 및 행위(함수)를 구현한다. 자바에서는 class라는 예약어로 클래스임을 명시하고, 가시성을 정의하여 다른 클래스나 애플리케이션에서 가시성의 성격에 맞게 사용할 수 있도록 한다.

객체지향 개념

클래스의 특성

1. 클래스는 고유한 이름(클래스명)을 가진다.

UML

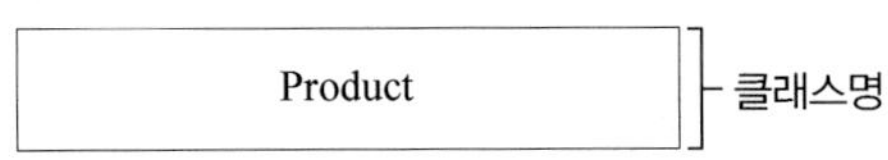

(가) 클래스명에 의한 클래스 표기

자바

가시성 예약어 클래스명

```
public class Product  {

}
```

(나) 자바 클래스 코드

그림 2-16. 클래스 구현

[그림 2-16]의 (가)에서 UML로 정의한 클래스명이 (나)에서 자바의 클래스명이 된다. 그리고 UML에서는 클래스에 대한 가시성을 표기하지 않지만 자바에서는 가시성을 꼭 정의해야 한다. 클래스 가시성을 정의하지 않으면 다른 클래스에서 접근이 불가능하기 때문이다. 단, 동일 패키지 내에서는 정의하지 않아도 된다.

3.1.2 속성(멤버변수)

자바에서 클래스 속성 구현은 UML 표기법과 차이를 난다. [그림 2-17]과 같이 데이터 타입을 정의한 후에 속성명 및 초기값을 정의한다.

객체지향 개념

클래스의 특성

1. 클래스는 고유한 이름(클래스명)을 가진다.
2. 클래스는 속성을 지닌다.

UML

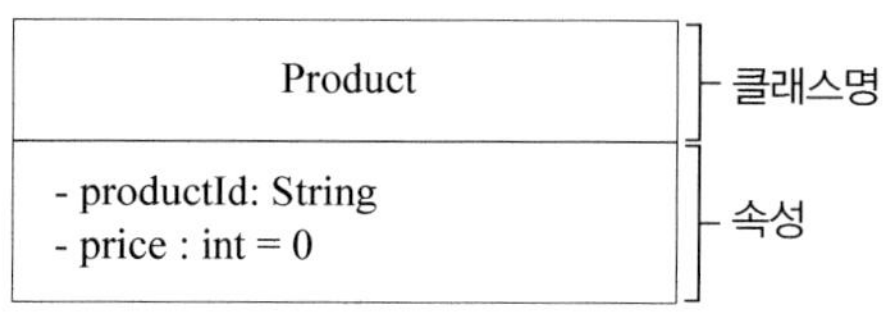

(가) UML 클래스의 속성 표기

자바

```
public class Product  {
   private String productId;
   private int    price = 0;

}
```

(나) 자바 클래스 코드

그림 2-17. 클래스 속성 구현

자바에서 클래스 속성의 가시성은 UML에서 표기한 private(-)에 대해 private을 정의하지 않을 경우에도, 또는 private을 명시할 경우에도 private으로 인식한다. 그러므로 속성을 public으로 정의하고자 할 때는 public을 명시해야 한다. [그림 2-17]의 Product 클래스의 productId 속성을 공개하고자 한다면 [그림 2-18]과 같이 public으로 정의해야 한다. UML에서 가시성 표기의 protected(#)에 대해 자바에서는 protected 예약어를 사용한다.

```
public class Product  {
       public String productId;
              int    price = 0;

}
```

그림 2-18. public으로 선언된 클래스 속성 코드

클래스 속성은 [그림 2-19]와 같이 String의 기본 데이터 타입뿐만 아니라 Payment나 Delivery와 같은 클래스 타입의 데이터 타입을 가질 수 있다. 이러한 개념을 객체지향의 복합객체라고 하며 7장을 참조하도록 한다.

Payment 클래스
Delivery 클래스

```
public class Order  {
   String      orderId;
   Payment     paymentType;
   Delivery    deliveryType;

}
```

그림 2-19. 속성의 다양한 데이터 타입

3.1.3 행위(함수)

자바에서 클래스 행위는 가시성, 반환값의 데이터 타입, 행위명(함수명), 매개 변수, 중괄호({})순으로 구현된다.

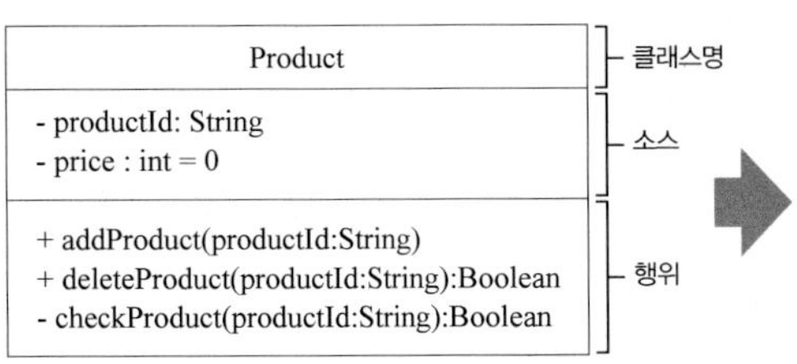


```
public class Product  {
   private String productId;
   private int    price = 0;

   public void addProduct(String productId) {
    …
   }

   public Booelan deleteProduct(String productId) {
    …
   }

   private Boolean checkProduct(String productId) {
    …
   }

}
```

(가) UML 클래스의 행위 표기　　　　(나) 자바 클래스의 행위 코드

객체지향 개념

클래스의 특성

1. 클래스는 고유한 이름(클래스명)을 가진다.
2. 클래스는 속성을 지닌다.
3. 클래스는 잘 정의된 행위를 가진다.

UML

Product	클래스명
- productId: String - price : int = 0	속성
+ addProduct(productId:String) + deleteProduct(productId:String):Boolean - checkProduct(productId:String):Boolean	행위

(가) UML 클래스의 속성 표기

자바

```
public class Product  {
   private String productId;
   private int    price = 0;

   public void addProduct(String productId) {
    …
   }
   public Booelan deleteProduct(String  productId) {
    …
   }
   private Boolean checkProduct(String productId) {
    …
   }
}
```

(나) 자바 클래스 코드

그림 2-20. 클래스 행위 구현

행위 가시성은 public, private, protected 등이 정의될 수 있으며, 가시성을 명시하지 않을 경우 private으로 인식하며 외부에 공개되지 않는 행위로 클래스 내부에서만 사용된다. [그림 2-20]의 (나)에 있는 checkProduct는 외부에 공개되지 않으므로 외부에서 사용할 수 없는 private 함수이고, addProduct와 deleteProduct는 외부에 공개되는 public 함수이다.

반환값의 데이터 타입은 UML에서는 반환값이 없는 경우 표기하지 않지만 자바에서는 void로 정의하여 반환값이 없음을 나타낸다. 일반 기본 데이터 타입이나 클래스 타입을 반환값의 타입으로 정의할 수 있다.

3.2 클래스들 간의 관계 구현

3.2.1 연관관계

자바에서 클래스들 간의 연관관계는 함수 호출 형태로 구현된다. 호출하는 클래스의 특정 행위에서 연관관계를 갖는 다른 클래스의 특정 행위를 호출할 경우를 의미한다.

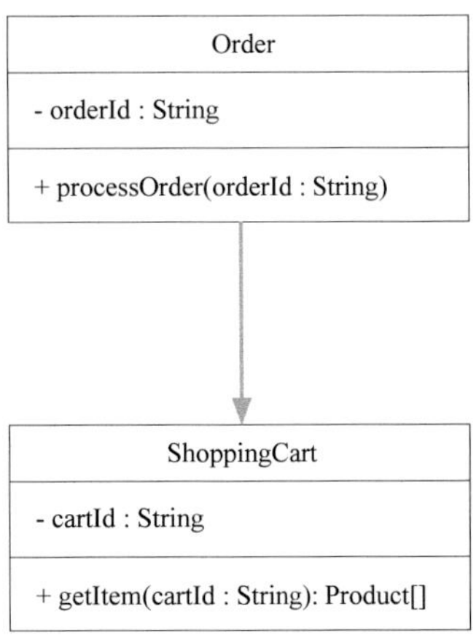

(가) UML 클래스 연관관계 표기

```
public class Order  {
   private String orderId;

   public void processOrder(String orderId) {
      ShoppingCart sCart = new ShoppingCart();
      Product[] product = sCart.getItem(orderId);
      …
   }
}
```

```
public class ShoppingCart  {
   private String cartId;

   public Product[] getItem(String cartId) {
      …
   }
}
```

(나) 자바 클래스의 행위 코드

그림 2-21. 클래스 연관관계 구현

[그림 2-21]의 (가)는 UML 클래스 연관관계이다. Order 클래스가 ShoppingCart 클래스와 관계를 갖고 있으며, 어떤 함수와 관계를 갖는지는 클래스 다이어그램과 순차도(Sequence Diagram)를 통해 파악할 수 있다.

(나)는 UML 클래스 연관관계를 자바로 구현한 것으로 Order 클래스의 processOrder 행위에서 ShoppingCart 클래스의 getItem 행위를 호출하여 두 클래스 간의 연관관계를 구현한다. ShoppingCart 클래스는 Order 클래스의 속성 데이터로 객체를 생성하지 않고 Order 클래스의 processOrder 내에 함수의 변수로 정의하고 있다. [그림 2-22]와 같이 클래스를 어디서 선언하느

냐에 따라 연관관계가 될 수도 있고 포함관계(Aggregation)가 될 수 있다. [그림 2-22]의 (가)는 함수 내의 변수로 선언되었기 때문에 연관관계(Association)되며, (나)는 클래스의 속성으로 선언되었기 때문에 포함관계가 된다. UML에 의해 설계된 클래스들 간의 관계에 따라 이와 같이 구분하여 구현해야 한다.

```
public class Order  {

   public void processOrder(String orderId) {
      ShoppingCart sCart;
      …
   }
}
```

(가) 자바 클래스의 행위 코드

```
public class Order  {
   ShoppingCart sCart;

   public void processOrder(String orderId) {
…
   }
}
```

(나) 클래스의 속성으로 선언된 ShoppingCart

그림 2-22. 클래스 선언 위치에 따른 관계

참고

- **역할명(Role Name)**

클래스 간의 연관화 관계에서 한 클래스가 다른 클래스와 관계를 맺을 때 관계를 맺고 있는 클래스에 대해 해당 클래스의 의미를 명확히 표현하고자 할 때 사용한다.[참조]

예 Person과 Company의 관계에서 Person은 Company에 대해 피고용인의 역할을 갖고, Company는 Person에 대해 고용인의 역할을 갖는다.

- **제약사항(Constraints)**

클래스 다이어그램에 표현되는 클래스, 속성, 함수, 관계,기타 요소들에 대해 특정 제약사항들을 표현할 때 { }를 이용하여 사용한다.

- **스테레오 타입**

클래스 다이어그램을 작성하는 데 사용하는 요소에 대해 표기법은 동일한 표기법을 사용하면서 의미는 원래 의미와 다른 의미로 확장하고자 할 때 〈〈*스테레오명*〉〉를 이용하여 사용한다.

클래스명뿐만 아니라 모든 설계 요소에 적용 가능하다.

UML에 이미 정의되어 있는 스테레오 타입은 다음과 같은 〈〈boundary〉〉, 〈〈control〉〉, 〈〈entity〉〉 등이 있으며 설계자 임의로 지정하여 정의할 수 있다.

〈〈boundary〉〉 스테레오 타입을 적용할 경우 계층 간에 경계 역할을 하는 클래스를 의미한다. 웹 개발 사례에서는 UI 페이지라고 할 수 있을 것이다.

〈〈control〉〉 스테레오 타입을 적용할 경우 로직을 제어하는 클래스를 의미한다.

〈〈entity〉〉 스테레오 타입은 데이터 관리를 담당하는 클래스를 의미한다.

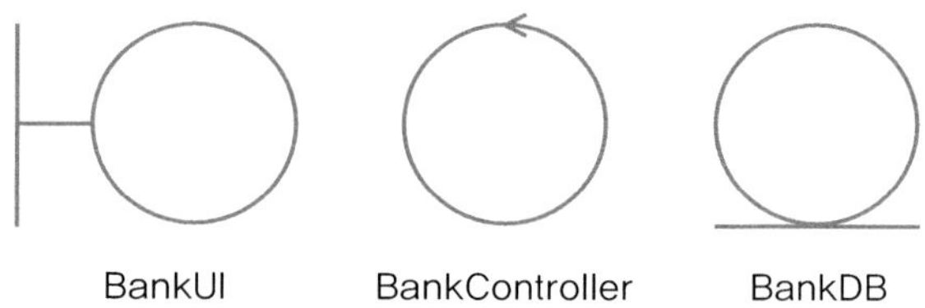

〈〈boundary〉〉, 〈〈control〉〉, 〈〈entity〉〉 스테레오 타입이 적용된 클래스를 위와 표기하기도 한다.

- **연관화 클래스**

클래스들 간의 연관 관계가 설정되었을 때, 연관 관계를 통해 추가적으로 발생하는 정보가 있을 경우 이를 반영할 클래스를 연관화 클래스로 정의한다.

- **클래스 추출 기법**

(1) 요구사항으로부터 명사나 명사구 추출

(2) 클래스로 적당하지 않은 명사 삭제

  - 중복 클래스 : '고객'과 '구매자'
  - 관계없는 클래스 : '시스템의 구축 비용'
  - 불확실한 클래스 : '보안' (매우 광범위하고 불확실함.)

(3) 클래스의 속성이나 메소드는 클래스가 될 수 없음.

(4) 요구사항에 정의되어 있지 않지만 필요한 클래스 추가

  인터넷 쇼핑몰의 주문 처리에서 '장바구니'

요약

❶ 클래스는 고유한 이름, 속성, 그리고 행위를 지닌다.

❷ 클래는 틀이고 객체는 실사례이다.

❸ 클래스는 상태가 없고 객체는 있다.

❹ 클래스와 객체는 동일한 속성수와 메소드 수를 갖는다

❺ UML에서 클래스 표기는 클래스 다이어그램의 핵심 구성 요소로서 클래스명, 속성, 행위(함수)로 구성된다.

❻ UML에서 클래스의 속성은 가시성(Visibility), 속성명, 데이터 타입으로 순으로 표기되며 초기값은 선택적으로 지정할 수 있다.

❼ UML에서 클래스의 행위는 가시성, 행위명, 매개 변수, 데이터 타입순으로 표기된다.

❽ UML 클래스 다이어그램의 연관(Association), 포함(Aggregation, Composition), 상속(Inheritance) 관계 표기를 이용하여 클래스 간의 관계를 설계할 수 있다.

❾ 자바에서 클래스 구현은 가시성, class 예약어, 클래스명, 중괄호({})로 선언하며 중괄호 사이에 속성 및 행위(함수)를 구현한다.

❿ 자바에서 클래스 속성 구현은 데이터 타입을 정의한 후에 속성명 및 초기값을 정의한다.

⓫ 자바에서 클래스 행위 구현은 가시성, 반환값의 데이터 타입, 행위명(함수명), 매개 변수, 중괄호({}) 순으로 구현된다.

연습 문제

1. 클래스의 특징을 정의하시오.

2. 클래스와 객체 관계를 설명하시오.

3. 'Customer' 클래스를 통해 'c1' 객체를 생성하는 자바 코드를 작성하시오.

4. UML을 통해 클래스를 정의할 경우 3행으로 구성된 박스(Box)로 표기한다. 각각의 행에 들어가야 할 내용을 정의하시오.

5. UML의 클래스 표기에서 가시성을 표현하기 위한 방법을 설명하시오.

- public :

- private :

- protected :

6. UML의 클래스 표기에서 함수를 정의하는 방법을 설명하시오.

7. 클래스 행위의 오버로딩(overloading)에 대해 설명하시오.

8. 클래스들 간의 관계를 표기하기 위해 연관관계(Assocation)을 사용한다. 이 연관관계에서 다중성에 대해 설명하시오.

9. 다음의 UML의 클래스 표기를 자바 코드로 정의하시오.

Product
- productId: String - price : int = 0
+ addProduct(productId:String) + deleteProduct(productId:String):Boolean - checkProduct(productId:String):Boolean

(가) UML 클래스의 행위 표기

(나) 자바 코드

기초 실습

1. StarUML을 이용하여 Project를 생성한 후, UserCD인 클래스 다이어그램을 생성하시오.

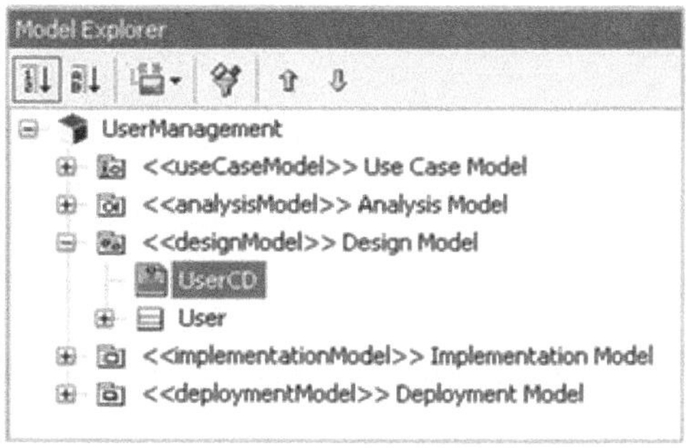

2. StarUML을 이용하여 User 클래스를 하나 생성한 후, 속성과 오퍼레이션을 추가하시오.

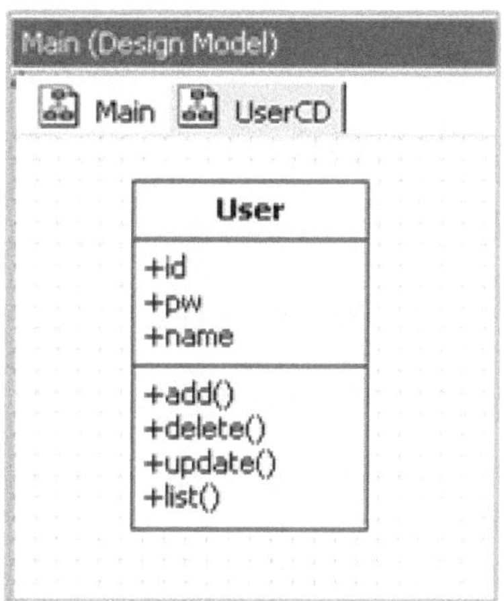

3. 생성된 클래스 내의 메소드에 매개 변수 타입과 매개 변수명 등을 추가하시오.

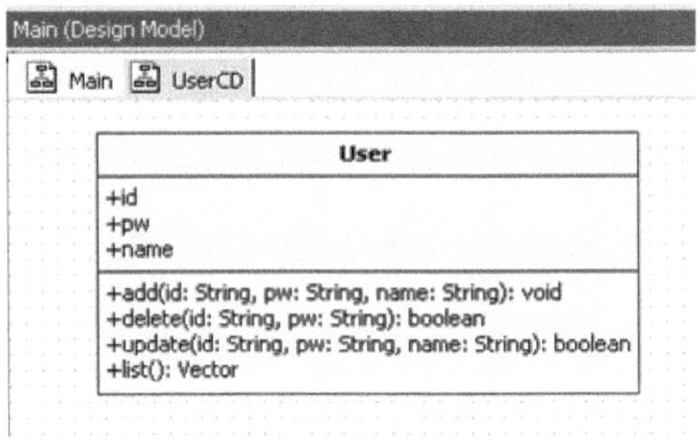

4. 생성된 User 클래스를 Java 언어를 이용한 소스코드를 생성하시오.

User.java - 메모장

파일(F) 편집(E) 서식(O) 보기(V) 도움말(H)

```
//
//
//  Generated by StarUML(tm) Java Add-In
//
//  @ Project : UserManagement
//  @ File Name : User.java
//  @ Date : 2011-03-07
//  @ Author :
//
//



public class User
{
    public String id;
    public String pw;
    public String name;
    public void add(String id, String pw, String name)
    {

    }

    public boolean delete(String id, String pw)
    {

    }
```

5. 다음과 같은 'Product' 클래스를 설계하시오.

Product
- productId: String - price : int = 0
+ addProduct(productId:String) + deleteProduct(productId:String):Boolean - checkProduct(productId:String):Boolean

6. 설계된 Product 클래스를 Java 언어로 구현하시오.

7. 클래스 추출 기법에 다음의 요구사항에서 클래스를 추출하시오.

- **인터넷 쇼핑몰 요구사항**

"인터넷 쇼핑몰은 고객이 시스템에 id와 암호로 로그인하여 상호작용하면서 제품을 검색하고 구매한다. 구매자가 구매이력을 확인하기 위하여 시스템은 구매기록을 보관하고 보안을 제공할 필요가 있다. 고객은 구매한 제품을 신용카드나 온라인 송금 등 방법으로 결재할 수 있다. 고객은 구매하고 싶은 제품을 제조자 색인으로 찾을 수 있고 제품을 구매하고 사용한 사람들의 리뷰를 볼 수 있다. 시스템은 고객이 구매한 이력을 바탕으로 고객의 취향을 찾아내어 보관한다."

(1) 요구사항으로부터 명사나 명사구 추출

> "인터넷 쇼핑몰은 고객이 시스템에 id와 암호로 로그인하여 상호작용하면서 제품을 검색하고 구매한다. 구매자가 구매이력을 확인하기 위하여 시스템은 구매기록을 보관하고 보안을 제공할 필요가 있다. 고객은 구매한 제품을 신용카드나 온라인 송금 등 방법으로 결재할 수 있다. 고객은 구매하고 싶은 제품을 제조자 색인으로 찾을 수 있고 제품을 구매하고 사용한 사람들의 리뷰를 볼 수 있다. 시스템은 고객이 구매한 이력을 바탕으로 고객의 취향을 찾아내어 보관한다."

(2) 클래스로 적당하지 않은 명사 삭제

- 중복 클래스 : '고객'과 '구매자'

> "인터넷 쇼핑몰은 고객이 시스템에 id와 암호로 로그인하여 상호작용하면서 제품을 검색하고 구매한다. 구매자가 구매이력을 확인하기 위하여 시스템은 구매기록을 보관하고 보안을 제공할 필요가 있다. 고객은 구매한 제품을 신용카드나 온라인 송금 등 방법으로 결재할 수 있다. 고객은 구매하고 싶은 제품을 제조자 색인으로 찾을 수 있고 제품을 구매하고 사용한 사람들의 리뷰를 볼 수 있다. 시스템은 고객이 구매한 이력을 바탕으로 고객의 취향을 찾아내어 보관한다."

- 관계없는 클래스 : '시스템의 구축 비용'

> "인터넷 쇼핑몰은 고객이 시스템에 id와 암호로 로그인하여 상호작용하면서 제품을 검색하고 구매한다. 구매자가 구매이력을 확인하기 위하여 시스템은 구매기록을 보관하고 보안을 제공할 필요가 있다. 고객은 구매한 제품을 신용카드나 온라인 송금 등 방법으로 결재할 수 있다. 고객은 구매하고 싶은 제품을 제조자 색인으로 찾을 수 있고 제품을 구매하고 사용한 사람들의 리뷰를 볼 수 있다. 시스템은 고객이 구매한 이력을 바탕으로 고객의 취향을 찾아내어 보관한다."

- 불확실한 클래스 : '보안' (매우 광범위하고 불확실함.)

> "인터넷 쇼핑몰은 고객이 시스템에 id와 암호로 로그인하여 상호작용하면서 제품을 검색하고 구매한다. 구매자가 구매이력을 확인하기 위하여 시스템은 구매기록을 보관하고 보안을 제공할 필요가 있다. 고객은 구매한 제품을 신용카드나 온라인 송금 등 방법으로 결재할 수 있다. 고객은 구매하고 싶은 제품을 제조자 색인으로 찾을 수 있고 제품을 구매하고 사용한 사람들의 리뷰를 볼 수 있다. 시스템은 고객이 구매한 이력을 바탕으로 고객의 취향을 찾아내어 보관한다."

(3) 클래스의 속성이나 메소드는 클래스가 될 수 없음.

"인터넷 쇼핑몰은 고객이 시스템에 id와 암호로 로그인하여 상호작용하면서 제품을 검색하고 구매한다. 구매자가 구매이력을 확인하기 위하여 시스템은 구매기록을 보관하고 보안을 제공할 필요가 있다. 고객은 구매한 제품을 신용카드나 온라인 송금 등 방법으로 결재할 수 있다. 고객은 구매하고 싶은 제품을 제조자 색인으로 찾을 수 있고 제품을 구매하고 사용한 사람들의 리뷰를 볼 수 있다. 시스템은 고객이 구매한 이력을 바탕으로 고객의 취향을 찾아내어 보관한다."

(4) 요구사항에 정의되어 있지 않지만 필요한 클래스 추가 : 장바구니

"인터넷 쇼핑몰은 고객이 시스템에 id와 암호로 로그인하여 상호작용하면서 제품을 검색하고 구매한다. 구매자가 구매이력을 확인하기 위하여 시스템은 구매기록을 보관하고 보안을 제공할 필요가 있다. 고객은 구매한 제품을 신용카드나 온라인 송금 등 방법으로 **장바구니** 결재할 수 있다. 고객은 구매하고 싶은 제품을 제조자 색인으로 찾을 수 있고 제품을 구매하고 사용한 사람들의 리뷰를 볼 수 있다. 시스템은 고객이 구매한 이력을 바탕으로 고객의 취향을 찾아내어 보관한다."

(5) 최종 추출 클래스

"인터넷 쇼핑몰은 고객이 시스템에 id와 암호로 로그인하여 상호작용하면서 제품을 검색하고 구매한다. 구매자가 구매이력을 확인하기 위하여 시스템은 구매기록을 보관하고 보안을 제공할 필요가 있다. 고객은 구매한 제품을 신용카드나 온라인 송금 등 방법으로 **장바구니** 결재할 수 있다. 고객은 구매하고 싶은 제품을 제조자 색인으로 찾을 수 있고 제품을 구매하고 사용한 사람들의 리뷰를 볼 수 있다. 시스템은 고객이 구매한 이력을 바탕으로 고객의 취향을 찾아내어 보관한다."

고객	제품	구매	구매이력	신용카드	온라인송금
Customer	Product	Order	OrderHistory	CreditCard	Online

결제	제조사	리뷰	취향	장바구니
Payment	Manufacturer	Review	Preference	ShoppingCart

응용 실습

1. 다음의 온라인 쇼핑몰 시스템 요구사항을 기반으로 설계 및 구현하시오.

> 본 시스템을 통해 온라인 쇼핑몰 사용자(사용자 ID, 사용자 암호, 사용자 성명, 사용자 전화번호, 사용자 주소)를 등록, 수정, 삭제, 조회할 수 있다.

1.1 클래스 다이어그램을 설계하시오.

1.2 웹 페이지에 처리(등록, 수정, 삭제, 조회) 결과를 표시하시오.
(웹 페이지는 useBean을 사용하여 클래스를 호출한다.)

1.3 데이터베이스에 데이터를 관리하시오.

2. 다음의 온라인 뱅킹 시스템 요구사항을 기반으로 설계 및 구현하시오.

> 본 시스템을 통해 온라인 뱅킹 사용자 정보(사용자 ID, 사용자 암호, 사용자 성명, 사용자 전화번호, 사용자 주소)를 등록, 수정, 삭제, 조회할 수 있으며, 해당 사용자의 계좌(계좌번호, 잔액)를 통해 입금, 출금, 이체, 잔액 계산을 할 수 있다.

2.1 클래스 다이어그램을 설계하시오.

2.2 웹 페이지에 처리(등록, 수정, 삭제, 조회) 결과를 표시하시오.
(웹 페이지는 useBean을 사용하여 클래스를 호출한다.)

실습 문제

1. 온라인 뱅킹 시스템을 위한 클래스를 설계하시오. 또한 클래스들 간의 연관관계를 설계하시오.

- **온라인 뱅킹 시스템 요구사항**

> 본 시스템을 통해 온라인 뱅킹 사용자(사용자 ID, 사용자 암호, 사용자 성명, 사용자 전화번호, 사용자 주소)를 생성,수정,삭제,조회할 수 있으며, 해당 사용자의 계좌(계좌번호, 잔액)를 통해 입금,출금,이체,잔액계산을 할 수 있다.

2. 온라인 뱅킹 시스템의 클래스 설계에 대한 자바 코드를 개발하시오.

Chapter

03

객체

학 · 습 · 목 · 표

객체의 개념과 특징을 이해한다.

객체와 클래스와의 차이점을 이해한다.

UML에서의 객체 표기법과 모델링 기법을 이해한다.

자바 언어에서의 객체 표기법과 객체 구현 기법을 이해한다.

목 · 차

01 객체의 개념과 특성

이 절에서는 객체에 대한 개념과 그 특징을 알아보고 객체의 실체를 개념, 모델링, 구현 등의 다양한 시각에서 파악한다.

1.1 객체 개념

객체 지향이라는 개념을 처음 대할 때에는 객체에 대한 정의나 개념이 매우 낯설게 느껴진다. 그 이유는 다양하다. 첫째, 기존의 C언어 등과 같은 함수나 모듈 혹은 프로시저라는 용어에서 객체라는 용어로의 전환이 쉽지 않기 때문이다. 둘째, 객체라는 용어의 사전적 표현과 실제 프로그램에서의 객체의 표현의 정도가 갖는 차이 때문이다. 셋째, 객체라는 용어를 다양한 사람 혹은 다양한 책들에서 객체가 아닌 인스턴스, 실예 등과 같은 동의어들을 혼용하여 쓰기 때문이다. 물론 이 외에도 여러 가지 다른 이유들도 있을 수 있지만, 결국 객체에 대한 정의는 다 같은데 표현하는 정도나 시각이 다를 뿐이다. 본 장에서는 이런 객체에 대한 개념을 다양한 각도에서 정의하고자 한다.

첫번째 정의는 객체에 대한 추상적 정의로서 일반적으로 객체지향 개념 혹은 분석 및 설계 단계에서 주로 쓰는 표현이다.

● 객체는 물리적 사물 또는 논리적 개념이다.

이 정의는 소프트웨어 객체에 대한 정의보다는 실세계 도메인에서 표현하는 객체에 대한 정의이다. 실세계 객체는 실세계 도메인에서 보거나 듣거나 만질 수 있는 물리적 사물을 말하기도 하고, 정신적으로 느끼거나 사고하는 개념을 나타내는 개념적 정보 또는 의미의 단위를 말하기도 한다. 실세계 도메인에서 흔히 우리가 보거나 만질 수 있는 물리적 사물이라 함은 자동차, 사람, 문, 볼펜, 마우스, 책, 장바구니 등과 같은 것들을 예로 들 수 있다. 개념으로서의 객체로는 주문, 배송, 수강, 교과목, 예약 등을 들 수 있다. 이러한 개념으로서의 객체는 실제 물리적으로 만질 수 있는 사물은 아니지만 해당 도메인에서 사용하는 주요 개념이다.

인터넷 쇼핑몰 시스템의 예의 경우에 있어서 인터넷 쇼핑몰에서 일어나는 행위들을 열거하면 다음과 같다.

고객이 쇼핑몰에 로그인 한다.

고객이 상품을 검색한다.

고객이 상품을 주문한다.

고객이 신용카드로 주문을 결제한다.

고객이 주문을 조회한다.

고객이 주문한 상품을 반송한다.

...

이와 같은 행위들에서 물리적 사물 중심으로 객체를 추출하면 '고객', '쇼핑몰', '상품', '신용카드' 등을 들 수 있다. 이외에 개념 중심의 객체를 추출하면 '주문', '결제' 등을 들 수 있다.

두 번째 정의는 구현 관점에서의 객체에 대한 정의이다.

● 객체는 모듈이다.

즉, 객체는 데이터와 해당 데이터를 처리(조작)하는 오퍼레이션들을 포함하는 모듈이다. 여기서 데이터를 다른 말로 상태 혹은 속성라고 하며 오퍼레이션을 행위 혹은 메소드라고 한다. [표 3-1]에서 처럼 객체지향 패러다임에서는 객체 내의 속성이나 행위들에 대해 다양한 용어들로 표현한다.

객체지향 개념	객체지향 분석/설계	객체지향 프로그래밍
객체	객체	객체
속성(Attribute)	속성 프로퍼티(Property)	데이터(Data) 멤버데이터(Member Data) 멤버변수(Member Variable)
행위(Behavior)	메소드(Method)	오퍼레이션(Operation) 멤버함수(Member Function)

표 3-1. 객체, 속성, 행위에 대한 다양한 표현

이처럼 객체가 데이터와 관련 함수를 포함한 하나의 모듈이기 때문에 객체는 캡슐화 장치 혹은 메커니즘을 제공한다.

캡슐화(Encapsulation)란 서로 관련된 내용들(데이터와 함수)들을 하나로 그룹화시켜주는 장치이다. 따라서 객체 속에 서로 관련된 데이터와 함수들이 내포되기 때문에 객체라는 단위가 캡슐화의 단위가 되는 것이다.

인터넷 쇼핑몰 시스템의 경우 고객에 대한 정보를 기록해야 할 경우 필요한 요소 항목들이 해당 '고객' 객체에 대한 속성 또는 상태라고 한다. 예를 들면, 고객의 아이디, 이름, 비밀번호, 이메일 주소, 집 전화번호, 집 주소, 핸드폰 번호 등을 들 수 있다. 상품에 대한 속성으로는 상품 코드번호(아이디), 상품명, 가격, 원산지, 제조사, 수량 등이 있을 수 있다. 물론 해당 상품의 종류에 따라 '상품' 객체가 갖는 속성들의 종류나 개수는 다양할 수 있다.

객체의 행위란 해당 객체가 취하는 행동을 말한다. 즉, 해당 객체가 지니고 있는 상태를 변경하거나 처리 또는 조작하는 행위를 말한다. 예를 들어 인터넷 쇼핑몰의 경우 '고객' 객체의 행위로는 '상품 검색', '고객 가입', '고객정보 수정', '고객 탈퇴', '상품 주문', '상품 반송' 등을 들 수 있다.

세번째 정의는 객체는 추상화 단위로서의 정의이다.

객체는 캡슐화와 정보은닉 도구(장치)이다.

객체는 프로그램에서 유용하게 사용하기 위해서 캡슐화와 정보은닉을 제공하게 되는데 이렇게 함으로써 모듈화가 높아지게 되고 객체 내부의 정보가 외부에 노출되지 않도록 함으로써 프로그램의 추상화 정도가 높아지게 된다. 이는 결국 프로그램의 재사용성을 높이게 할 뿐만 아니라 프로그램의 변경을 용이하게 하는 이점을 가져오게 된다.

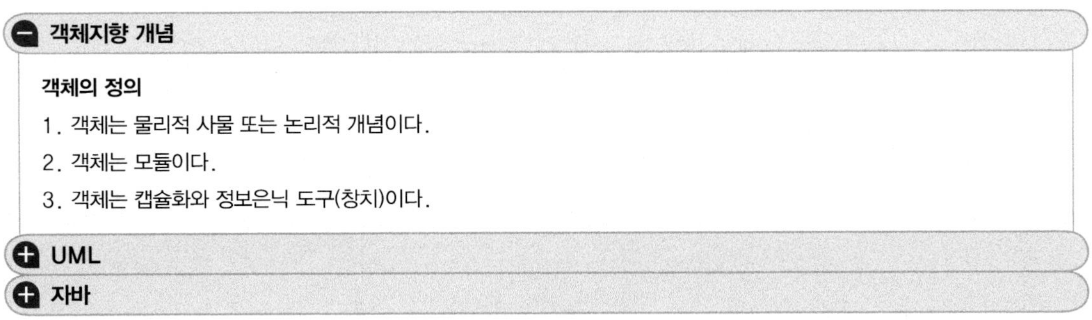

그림 3-1. 객체의 정의

1.2 객체의 특성

객체의 특성은 앞 장에서 설명한 클래스의 특성과 일맥상통한다. 이유는 객체의 모태는 클래스이기 때문이다. 따라서 객체는 다음과 같은 특징을 가진다.

객체지향 개념

객체의 특성

1. 객체는 유일한 식별자를 가져야 한다.
2. 객체는 상태를 가져야 한다.
3. 객체는 잘 정의된 함수를 가져야 한다.

UML

자바

그림 3-2. 객체의 특성

❶ 객체는 유일한 식별자를 가져야 한다.

한 클래스로부터 생성된 객체들은 해당 클래스에 정의된 속성의 개수와 함수의 개수는 동일하게 갖는다. 그러나 동일 클래스로부터 생성된 객체들일지라도 각각의 객체들은 자기만의 고유한 식별자를 가지고 있다. 이는 동일 클래스로부터 생성된 각각의 객체들을 서로 다른 객체와 구별하기 위한 구별자가 된다. 한 모태로부터 태어난 일란성 쌍둥이 자식이라고 해도 각각 주민번호는 서로 다르게 갖는 것과 같은 맥락이다. 인터넷 쇼핑몰 시스템의 경우 '고객(Customer)' 클래스는 하나 정의되지만 해당 고객 클래스로부터 고객들이 가입을 할 때마다 '강사랑' 고객과 '김소원' 고객 등과 같이 여러 명의 고객이 생성될 수 있으며, 각각의 생성된 고객들을 구별하기 위해 '아이디'라는 속성을 통해 각각의 객체들을 구별하게 된다. 자바언어에서는 클래스로부터 생성된 객체를 '객체 참조(Object Reference)'라고 한다. 이 객체참조란 해당 객체가 저장되어 있는 메모리 방의 주소이다. 따라서 동일 클래스로부터 생성된 객체들은 이 객체 참조를 통해 구별이 가능하다. 예를 들어 Customer라는 클래스로부터 객체 c1, c2가 생성되었으면 이 객체 c1과 c2의 값은 서로 다르다. C++에서는 클래스로부터 생성된 객체는 그 자체가 객체이름이 된다. 따라서 객체들을 이름으로 구별하기 때문에 동일 클래스로부터 동일 이름을 가진 여러 개의 객체는 생성될 수 없다.

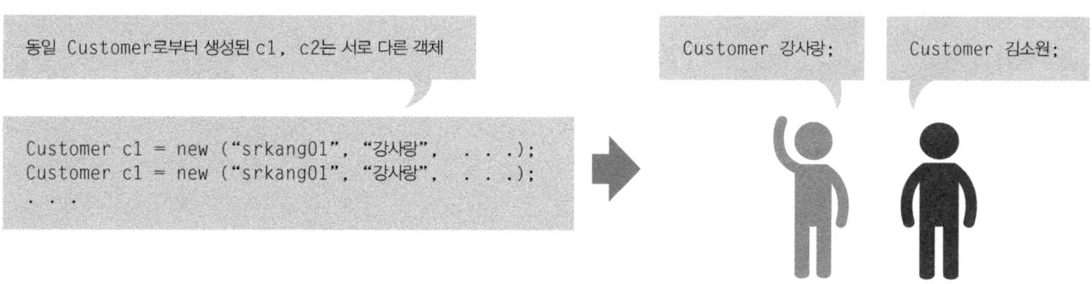

그림 3-3. 동일 클래스에서 생성된 서로 다른 객체

❷ 객체는 상태를 가져야 한다.

객체의 상태란 현재 해당 객체가 지니는 속성(또는 데이터)의 값을 의미한다. 클래스는 각각의 객체가 지녀야 할 속성에 대한 선언만 할 뿐 속성에 대한 값 즉, 상태는 지니지 않는다. 물론 예외적으로 동일 클래스로부터 생성된 여러 객체들이 공통적으로 공유해야 할 속성에 대해서는 상태를 갖을 수 있다. 이를 자바 언어에서는 정적 멤버 변수라고 한다. 따라서 클래스에서 선언된 속성에 대한 값인 상태는 클래스로부터 생성된 객체 단위로 존재하게 된다. 따라서 한 클래스에 선언된 속성의 개수가 3개일 경우, 생성된 객체 별로 해당 객체가 지니는 속성의 개수는 3개이지만 각각의 객체가 지니는 상태는 서로 다를 수 있다. 예를 들어 인터넷 쇼핑몰의 경우 '고객' 클래스 내에 '아이디', '이름', '핸드폰 번호', '이메일 주소'가 속성으로 선언되어 있다고 하자.

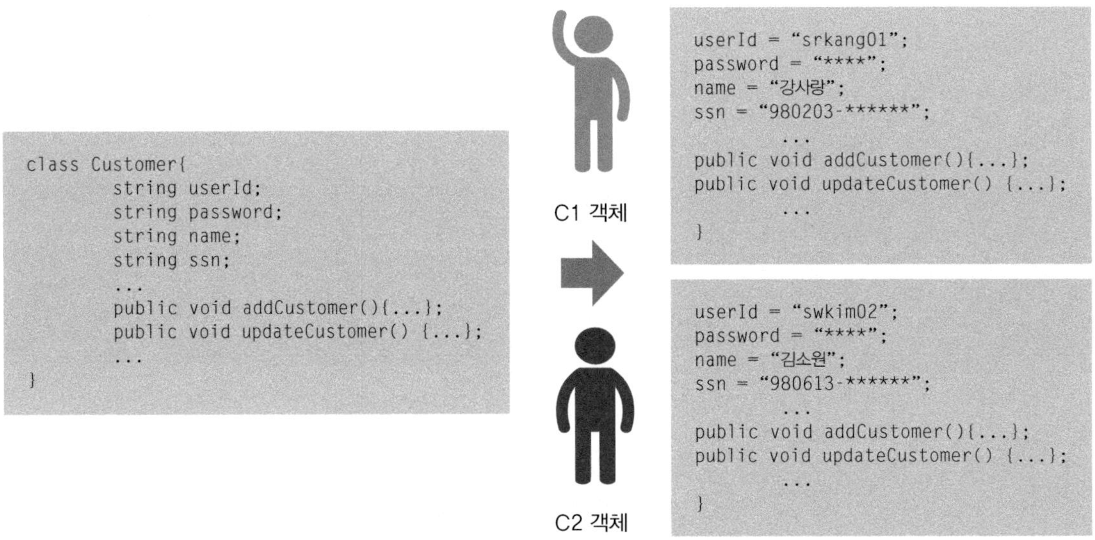

그림 3-4. 객체의 상태

이 경우 3명의 고객이 가입하여 '강사랑', '김솔미', '박지원'이라는 고객 객체가 생성되었을 때, 각각의 고객들은 모두 각기 해당 객체 별로 '아이디', '이름', '핸드폰 번호', '이메일 주소'를 갖는다. 그러나 각각의 고객이 갖는 '아이디' 값, '이름' 값, '핸드폰 번호' 값, '이메일 주소' 값은 다르게 갖을 수 있다.

또한 객체의 상태 값은 객체 생명주기 동안에 변경될 수 있다. 예를 들어, '상품' 클래스의 객체 p1이 있다고 했을 때, p1의 현재 가격은 10,000원으로 되어 있지만 한달 후 가격 인하로 인해서 9000으로 변동이 되면, 그 때의 p1 객체의 가격 상태 값은 9,000원이 된다.

❸ 객체는 잘 정의된 함수를 가져야 한다.

잘 정의된 함수란 객체 내의 정의된 데이터 혹은 속성을 처리하는 행위를 의미한다. 또한 잘 정의된 함수는 해당 객체가 수행해야 할 비즈니스 행위를 의미한다. 따라서 한 객체의 행위는 한 객체가 취할 수 있는 행동들의 집합을 의미한다. 예를 들어, '고객' 객체 내에 '고객 등록'이나 '고객 정보 수정' 등과 같은 함수가 정의되어 있을 때 이 함수를 잘 정의된 함수라고 한다. 그 이유는 고객 객체가 갖는 데이터가 '아이디', '이름', '핸드폰 번호', '이메일 주소' 등이 있을 때 '고객 등록'이라는 함수에서 해당 데이터 값들을 지정하게 되며, '고객 정보 수정'이라는 함수에서 '이름'이나 '핸드폰 번호', '이메일 주소' 등과 같은 상태값을 변경하게 되는 것이다. 이처럼 해당 객체 안에 데이터와 해당 데이터에 대한 변경이나 조회 등을 수행하는 함수가 정의되어야 객체로서의 의미 있는 모듈 단위가 되는 것이다. 만일 '고객' 객체 안에 '상품 등록'이나 '상품 조회' 등과 같은 함수가 정의되어 있다면 이는 잘 정의된 함수라고 할 수 없다. 왜냐하면 '상품 등록'이나 '상품 조회' 함수에서는 상품과 관련된 데이터 값을 처리하게 되는데 '고객' 객체 안의 데이터들은 해당 함수에 필요한 데이터들이 없기 때문이다. 이처럼 서로 관련성이 없는 데이터와 함수를 하나의 객체로 캡슐화하면 이는 잘 정의된 객체라고 할 수 없다.

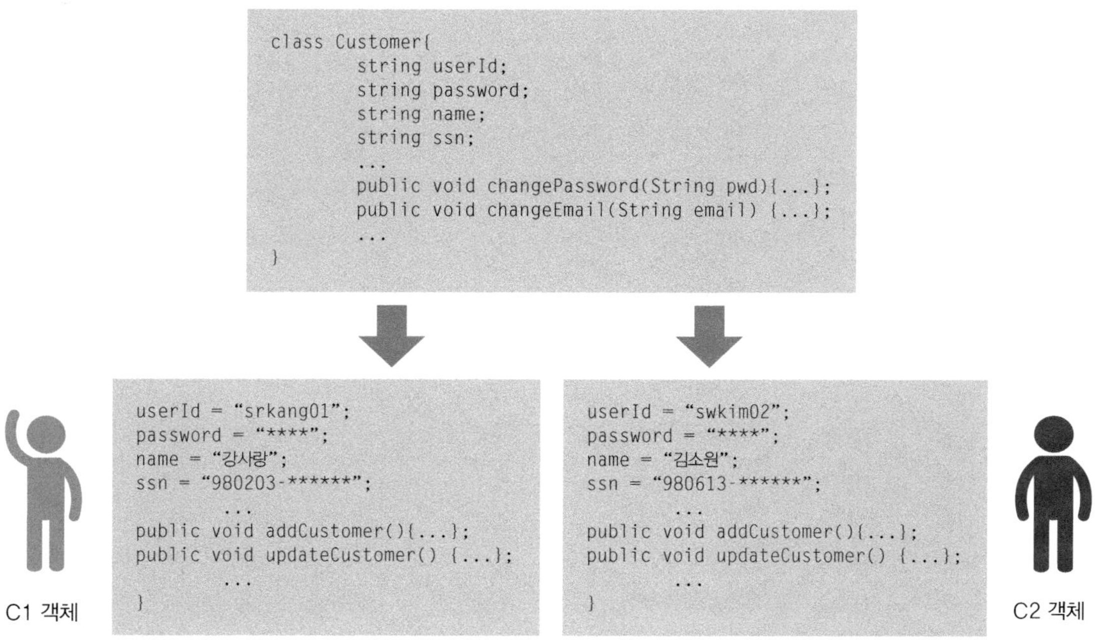

그림 3-5. 객체의 상태

1.3 객체의 생명주기

저자는 객체지향 프로그래밍 언어를 처음 대할 때 혼란스러운 부분이 있었다. 그것은 객체지향 분석 및 설계에 있어서나 객체지향 프로그래밍에 있어서 주된 핵심 장치는 클래스 위주로 진행이 되었기 때문이다. UML을 이용하여 객체지향 소프트웨어를 모델링할 때도 클래스 다이어그램을 중점적으로 다루었고, 자바 언어나 C++ 언어를 이용하여 프로그래밍할 때도 기본적으로 클래스를 작성하게 된다. 따라서 클래스 지향이라고 하지 왜 객체지향이라는 표현을 썼는지 처음엔 이해가 잘 되지 않았다. 그러나 객체지향의 핵심원리를 파악하면서 이해하게 되었다. 그 이유는 실제 객체지향 소프트웨어의 실행에 있어서 실행의 주체 단위는 클래스가 아니라 객체라는 것이다. 즉, 객체지향 프로그램에서 가동되는 단위는 객체이며 메모리에 방을 차지하는 것도 객체이다. 또한 서로 메시지를 주고 받는 단위도 클래스가 아닌 객체인 것이다. 다만 클래스는 객체들을 생성할 수 있는 기반을 마련해 주는 틀이라는 것이다. 그렇기 때문에 먼저 틀인 클래스 위주로 분석, 설계, 코딩을 하는 것이다.

이처럼 객체가 소프트웨어의 주체이고 메모리 상에서 살아있는 모듈 단위이기 때문에 객체는 생명주기를 갖는다.

객체의 생명주기는 크게 3가지를 갖는다. 생성, 사용, 소멸의 과정이다. 객체 생성 과정을 통해 클래스로부터 객체가 메모리의 특정 주소에 공간을 확보하여 존재하게 된다. 이처럼 생성된 이후에 객체들의 상태가 변경이 되기도 하고 메시지 전송을 통해 서로 다른 객체들 간에 정보를 주고받고 상호 작용을 하게 된다. 이 단계가 사용 단계라고 볼 수 있다. 마지막으로 객체가 더 이상 사용될 필요가 없을 때 메모리로부터 제거되는 데 이것이 객체 소멸 단계이다. C++에서는 객체 소멸을 위해서 객체 소멸자를 호출해야 하지만, 자바 언어에서는 가비지 컬렉터(Garbage Collector)에 의해서 자동 소멸이 된다.

⊖ 객체지향 개념

객체의 생명주기

1. 생성
2. 사용
3. 소멸

⊕ UML

⊕ 자바

그림 3-6. 클래스와 객체 간의 관계

❶ 객체 생성

객체는 클래스 내의 객체 생성함수 또는 생성자(Constructor)에 의해서 생성된다. 예를 들어, 자바 언어에서는 다음과 같이 생성을 하게 된다.

```
Customer Kim = new Customer("kim101", "김솔미", "010-8976-4657",
                            smkim101@daum.net)
Customer Kang = new Customer("lovekang", "강사랑", "010-4656-2737",
                            "love88@naver.com")
```

이러한 객체 생성 단계 내에는 3가지 액션(행동)이 수행되게 된다.

1. 객체 선언이 이루어진다.

객체 선언은 어떤 클래스로부터 객체를 만들것인가에 대해 명시하는 것으로서, 이 과정에서는 메모리에 객체가 만들어져서 할당되는 것은 아니다. 위의 코드 예제에서 Customer Kim 부분이 객체 선언 부분이다.

2. 객체 인스턴스화(Instantiation)가 이루어진다.

인스턴스화란 주어진 클래스 형으로부터 객체를 만드는 것이다. 이는 쿠키 커터로부터 같은 모양의 여러 개의 쿠키를 찍어내는 원리와 동일하다. 즉 객체를 찍어내는 과정이다. 자바 언어에서는 인스턴스화를 위해 new 연산자와 객체 생성함수를 함께 사용하게 된다. 위의 코드 예제에서 new Customer("kim101", "김솔미", "010-8976-4657", smkim101@daum.net) 부분이 객체 인스턴스화를 위한 부분이다.

3. 객체 상태 초기화가 이루어진다.

클래스에 정의된 속성들에 대한 값들을 설정하는 과정이다. 위의 코드 예를 보면, '고객(Customer)' 클래스로부터 Kim이라는 객체는 생성 단계에서 아이디는 'kim101', 이름은 '김솔미', 핸드폰 번호는 '010-8976-4657', 이메일 주소는 'smkim101@daum.net'으로 초기화가 이루어지는 것이다.

객체 생성 설계는 순차도(Sequence Diagram)를 이용하여 설계할 수 있다. 일반 메시지에 스테레오 타입인 〈〈create〉〉로 정의한다.

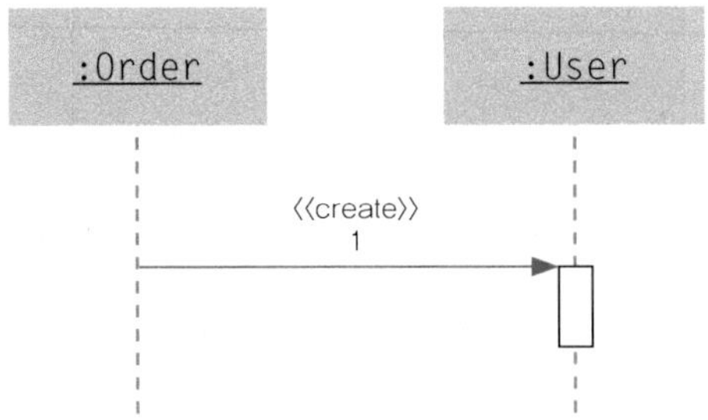

그림 3-7. 객체 생성 표기

❷ 객체 사용

생성된 객체는 객체명을 통해 사용될 수 있다. 객체명을 통해 클래스가 보유하고 있는 속성(데이터)이나 함수를 사용할 수 있다.

```
String _id   = Kim.id;
String _name = Kim.getName();
Kim.phone    = "010-111-1111';
Kim.setEmail("test@gmail.com");
```

❸ 객체 소멸

생성된 객체는 소멸자(Destructor)을 통해 소멸될 수 있다. 객체 소멸은 프로그래밍 언어에 따라 소멸되는 방법이 다르며 C++에서는 객체 소멸을 위해서 객체 소멸자를 호출해야 하지만, 자바 언어에서는 가비지 컬렉터(Garbage Collector)에 의해서 자동 소멸이 된다.

객체 소멸 설계는 일반 메시지에 스테레오 타입인 〈〈destroy〉〉로 정의한다. [그림 3-8]에서와 같이 〈〈destroy〉〉를 정의하면 객체가 소멸됨을 나타내는 의미로 객체 생명선 아래에 X가 표시된다.

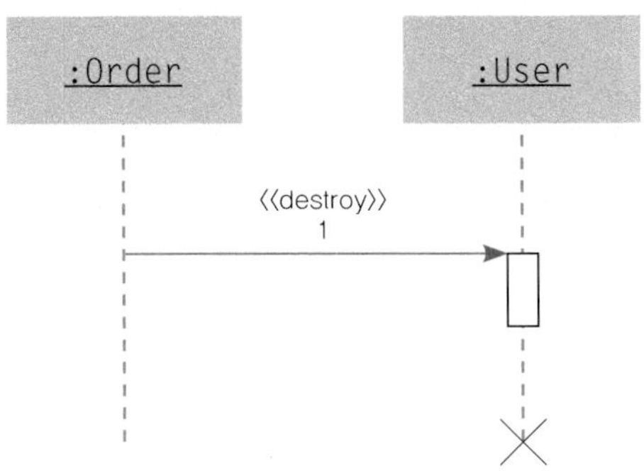

그림 3-8. 객체 소멸 표기

02 UML에서의 객체 모델링

객체는 클래스에 대한 특정 상황의 상태를 나타내며, UML의 객체 다이어그램(Object Diagram)을 통해 구성된다. 객체 다이어그램은 객체간의 관계를 표현하여 시스템의 정적인 구조를 설계할 수 있다.

2.1 객체 표기법

UML을 이용한 객체 표기는 클래스의 속성에 대한 상태를 정의하며, 2행으로 구성된 박스로 표기한다.

2.1.1 객체

객체 표기는 객체 다이어그램에서 객체명(객체 식별자)과 속성값(상태)으로 구성되며 행위는 명시하지 않는다. 행위는 객체의 상태가 변하더라도 클래스의 행위를 동일하게 사용하므로 따로 반복해서 정의하지 않는다. [그림 3-9]의 UML 폴더의 (가)에서와 같이 객체의 상태를 상세하게 정의할 수도 있고, 객체들 간의 관계에 집중해서 설계할 수 있도록 (나)와 같이 객체명만을 이용해 설계할 수 있다.

객체지향 개념

객체의 특성

1. 객체는 유일한 식별자를 가져야 한다.
2. 객체는 상태를 가져야 한다.
3. 객체는 잘 정의된 함수를 가져야 한다.

UML

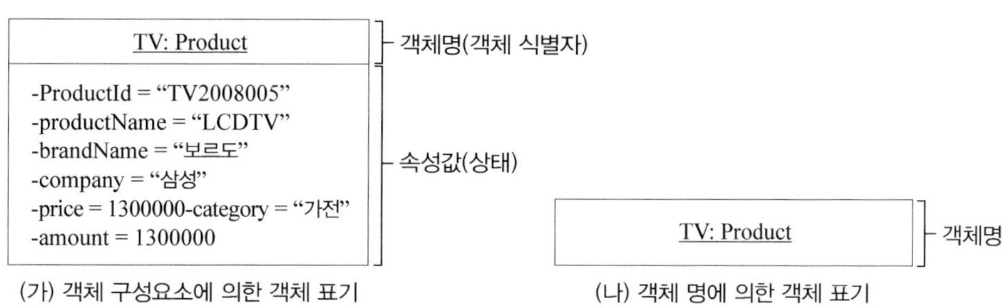

자바

그림 3-9. 객체 표기

2.1.2 객체명

객체는 클래스의 특정 상태를 나타내는 것으로 식별자를 갖는다고 정의하였다. 따라서 객체의 식별자에 해당하는 것이 객체명이 되며, [그림 3-10]에서와 같이 객체 식별자는 객체명, 콜론(:), 클래스명 순으로 정의한다. 객체명 뒤에 클래스명을 명시하여 해당 객체가 어떤 클래스로부터 정의된 것인지를 나타낸다. 객체를 하나만 정의할 경우에는 객체명 없이 콜론(:)과 클래스명 정의하여 객체를 표현할 수 있다.

객체명 : 클래스명
: 클래스명

그림 3-10. 객체명(객체 식별자) 표기

2.1.3 속성값

객체의 속성값은 클래스의 상태를 나타내는 값이 되므로 하나의 클래스에 대해 상태가 다른 여러 객체를 정의할 수 있다. [그림 3-11]과 같이 속성명, 속성값 순으로 표기되며, 속성값은 클래스에서 명시한 데이터 타입에 맞게 정의해야 한다.

속성명 = 속성값
속성명 : 데이터_타입 = 속성값

그림 3-11. 객체 속성값 표기

2.2 객체들 간의 관계 표기법

UML 클래스 다이어그램의 연관(Association), 포함(Aggregation, Composition), 상속(Inheritance) 관계를 객체 다이어그램에서 특정 상황에 맞게 다양하게 설계할 수 있다.

2.2.1 객체의 연관관계

객체의 연관관계(Association)는 객체들 간의 특정 상황에 관계를 나타내며, 클래스 다이어그램에서 나타내는 클래스 연관관계에 대한 실제 사례라고 할 수 있다. 예를 들어 [그림 3-12]의 (가)에서와 같이 클래스들 간에 연관관계를 갖고 있다면, 이러한 클래스 연관관계는 [그림 3-12]의 (나)에서 와 같이 특정 상태를 갖는 객체들의 연관관계로 설계한다.

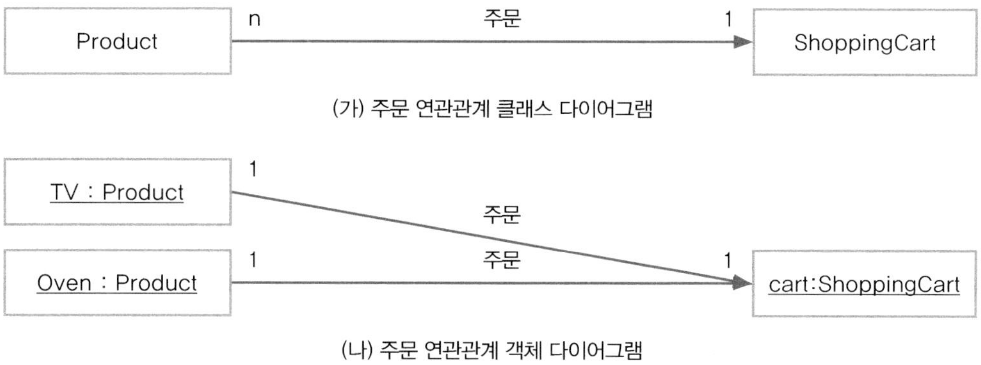

그림 3-12. 객체 연관관계 표기

객체 간의 연관관계 방향성은 클래스 연관관계 방향성과 동일하게 설계하며 객체들 간에 연관관계를 화살표로 표현한다. [그림 3-12]의 (나)와 같이 'TV' 객체가 'cart' 객체의 행위를 사용할 경우 'TV' 객체에서 'cart' 객체로 화살표를 표기한다. 단방향성을 갖는 연관관계나 양방향성을 갖는 연관관계는 클래스의 연관관계 방향성과 동일하다. 단지 상태를 갖는 각 객체들 간에 독립적으로 방향성이 설계되어야 한다.

다중성은 한 클래스가 다른 클래스를 얼마나 많이 사용하고 있는가를 나타내는 것이다. 객체 측면에서 다중성의 설계는 클래스에 정의한 다중성의 개수만큼 풀어서 설계한다. [그림 3-12]의 (가)에서 'Product' 클래스에서 'ShoppingCart' 클래스로 'n' 개의 다중성을 갖는다. 이에 대해 객체 관계로 표현하면 (나)와 같이 여러 개의 객체가 'cart' 객체와 연관을 갖는다.

03 자바 객체 구현

UML을 이용하여 설계한 객체를 자바의 프로그래밍 문법과의 연관관계를 살펴보고 구현한다.

3.1 객체 구현

3.1.1 객체

자바의 객체 코드는 클래스를 기반으로 구현되며, 보통 클래스를 통해 객체가 생성된다고 말한다. 생성이란 의미는 클래스에 대해 서로 다른 상태를 가진 객체가 생성되는 것을 의미한다.

객체지향 개념

객체의 특성

1. 객체는 유일한 식별자를 가져야 한다.
2. 객체는 상태를 가져야 한다.
3. 객체는 잘 정의된 함수를 가져야 한다.

UML

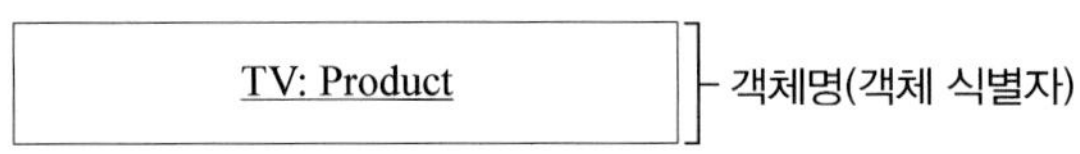

(가) 객체 명에 의한 객체 표기

자바

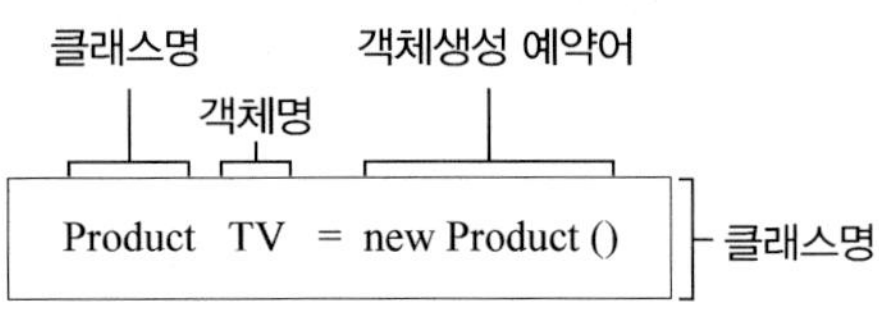

(나) 자바 객체 코드

그림 3-13. 객체 생성 코드

[그림 3-13]의 (가)에서 UML로 정의한 객체명에 대해, (나)에서처럼 객체 생성 시 객체명으로 활용할 수 있다.

3.1.2 속성값

자바에서 객체의 속성값은 객체의 상태를 나타내며 [그림 3-14]의 (나)와 같이 객체 생성을 통해 객체가 상태를 갖는다.

객체지향 개념

객체의 특성

1. 객체는 유일한 식별자를 가져야 한다.
2. 객체는 상태를 가져야 한다.
3. 객체는 잘 정의된 함수를 가져야 한다.

UML

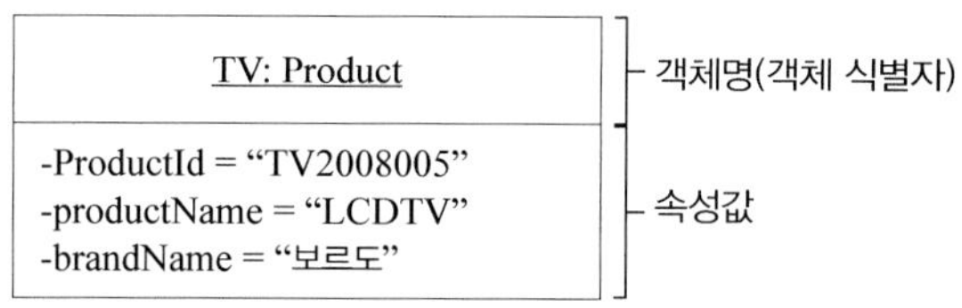

(가) 객체 명에 의한 객체 표기

자바

```
Product  TV = new Product ("TV2008005", "LCDTV", "보르도");
```

(나) 자바 객체의 속성값(상태)

그림 3-14. 객체의 속성값(상태) 코드

객체의 상태는 [그림 3-14]와 같이 객체 생성 시 속성값을 줄 수도 있지만, [그림 3-15]와 같이 객체 생성 후에 객체 속성 변수들에 속성값을 할당하여 상태를 갖게 할 수 있다.

```
Product TV = new Product();
 TV.productId = "TV2008005";
 TV.productName = "LCDTV";
 TV.brandName = "보르도";
```

그림 3-15. 객체 속성값 지정

3.2 객체들 간의 관계 구현

3.2.1 연관관계

객체들 간의 연관관계에 대한 구현은 한 객체가 다른 객체를 사용하는 것을 의미하며 다른 객체의 특정 행위를 호출하는 것을 의미한다.

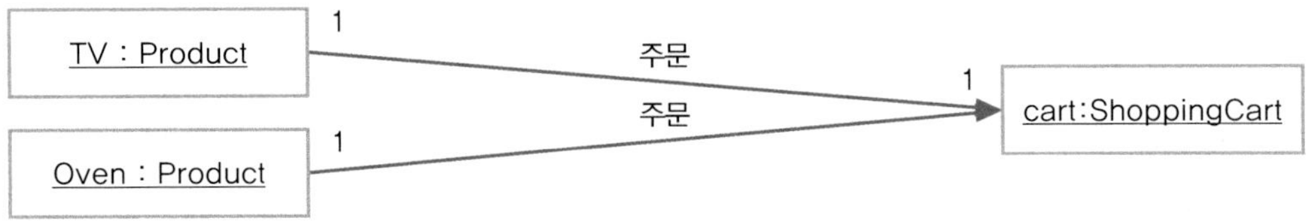

(가) UML 객체 연관관계 표기

```
public class Order  {
   String  orderId;
   ShoppingCart cart;
   public void processOrder(ShoppingCart cart) {
      Product[] products = cart.getItems(orderId);
      …
   }
}
```

```
public class ShoppingMall  {
     …
     ShoppingCart cart = new ShoppingCart();
     Product  TV = new Product ( )
     Product  Oven  = new Product();
      cart.addItem(TV);
      cart.addItem(Oven);
     …
}
```

(나) 자바 객체 연관관계 코드

그림 3-16. 객체 연관관계 구현

[그림 3-16]의 (나)는 객체의 연관관계에 대해 구현된 코드이다. 'ShoppingCart' 클래스를 기반으로 생성된 'cart' 객체는 다수의 'Product' 객체들에 의해 사용되고 있으므로 'Product' 클래스와 'ShoppingCart' 클래스의 'n:1' 다중성에 대해 위의 코드와 같이 구현할 수 있다.

참고

• 링크(Link)

객체 다이어그램에서 객체들 간의 접속 관계를 의미한다.

표기법: ______________________________

• 스테레오 타입(Stereotype)

객체 다이어그램에서의 링크는 클래스 다이어그램에서의 연관 관계나 의존 관계에 속하지만, 링크만으로는 의미가 명확하지 않기 때문에 링크의 종류를 나타내는 스테레오 타입을 반영하면 의미가 명확해 진다.

스테레오타입	설명
<<association>>	연관관계를 맺는 객체의 링크
<<parameter>>	의존관계를 맺는 객체의 링크로서, 매개 변수로 전달된 객체 링크인 경우
<<local>>	의존관계를 맺는 객체의 링크로서, local 객체로 만들어진 객체 링크인 경우
<<global>>	의존관계를 맺는 객체의 링크로서, global 객체의 링크를 나타내는 경우
<<self>>	자기 자신으로의 링크를 나타내는 경우

요약

❶ 객체는 물리적 사물 또는 논리적 개념이다.

❷ 객체는 모듈이다.

❸ 객체는 캡슐화와 정보은닉 도구(장치)이다.

❹ 객체의 특성으로는 첫째, 객체는 유일한 식별자를 가져야 하며, 둘째, 객체는 상태를 가져야 한다. 그리고 셋째, 객체는 잘 정의된 함수를 가져야 한다.

❺ UML에서의 객체 표기는 객체 다이어그램에서 객체명(객체 식별자)과 속성값(상태)으로 구성되며 행위는 명시하지 않는다. 행위는 객체의 상태가 변하더라도 클래스의 행위를 동일하게 사용하므로 따로 반복해서 정의하지 않는다.

❻ UML에서 객체의 속성값은 클래스의 상태를 나타내는 값이 되므로 하나의 클래스에 대해 상태가 다른 여러 객체를 정의할 수 있다. 속성명, 속성값순으로 표기되며, 속성값은 클래스에서 명시한 데이터 타입에 맞게 정의해야 한다.

❼ 자바의 객체 구현은 클래스를 기반으로 구현되며, 보통 클래스를 통해 객체가 생성된다고 말한다. 이 때 new 연산자를 이용하여 해당 클래스의 객체가 생성된다.

❽ 객체의 상태는 객체 생성 시 속성값을 줄 수도 있지만, 객체 생성 후에 객체 속성 변수들에 속성값을 할당하여 상태를 갖게 할 수 있다.

❾ 객체들 간의 연관관계에 대한 구현은 한 객체가 다른 객체와 상호작용하는 것을 의미하며 다른 객체의 특정 행위를 호출하는 것을 의미한다. 이를 객체지향에서는 메시지 전송이라고 한다.

연습 문제

1. 객체 내의 속성과 행위에 대한 다양한 표현을 정의하시오.

객체지향 개념	객체지향 분석/설계	객체지향 프로그래밍
객체	객체	객체
속성(Attribute)		
행위(Behavior)		

2. 객체의 특징에 대해 설명하시오.

3. 객체의 생명 주기를 설명하시오.

4. UML의 객체 표기를 클래스와 구분하여 설명하시오.

5. 다음의 객체 UML 표기를 자바언어로 정의하시오.

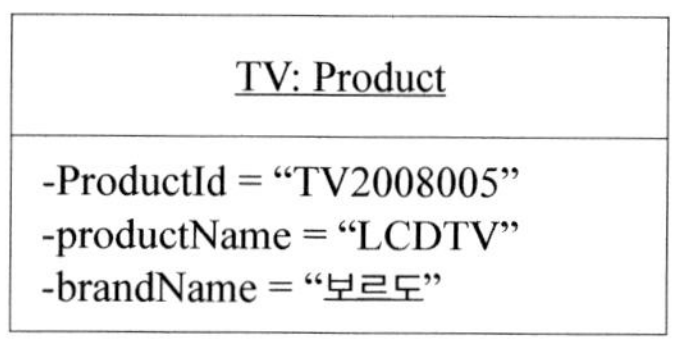

실습 문제

1. 온라인 뱅킹 시스템의 객체 다이어그램을 설계 하시오. 또한 객체들 간의 연관관계도 설계하시오. (2장에서 설계된 클래스 다이어그램 참조)

- **온라인 뱅킹 시스템의 객체 요구사항**

> 본 시스템을 통해 온라인 뱅킹 사용자(사용자 ID="hong", 사용자 암호="123", 사용자 성명="홍길동", 사용자 전화번호="123-1234", 사용자 주소="서울")를 생성,수정,삭제,조회할 수 있으며, 해당 사용자의 계좌(계좌번호="1234-56-789", 잔액="100,000")를 입금,출금,이체,잔액계산을 할 수 있다.

2. 온라인 뱅킹 시스템의 객체 설계에 대한 자바 코드를 개발하시오. 함수는 임의로 정의하시오.

Chapter

04

캡슐화

학·습·목·표

캡슐화에 대한 개념을 이해한다.

캡슐화의 특성을 이해한다.

UML에서의 캡슐화를 위한 메커니즘을 이해한다.

자바 언어에서의 캡슐화 장치를 이해한다.

목·차

01 캡슐화의 개념

이 절에서는 객체지향 핵심 개념 가운데 하나인 캡슐화 개념에 대해 살펴보기로 한다.

1.1 캡슐화의 정의

클래스 혹은 객체라는 개념을 접할 때 가장 먼저 생각나게 하는 용어 가운데 하나가 바로 캡슐화이다. 이는 클래스 혹은 객체라는 개념과 캡슐화는 늘 항상 함께 따라다니는 바늘과 실 같은 관계이기 때문이다.

● 캡슐화는 관련된 데이터와 함수를 묶는 장치이다.

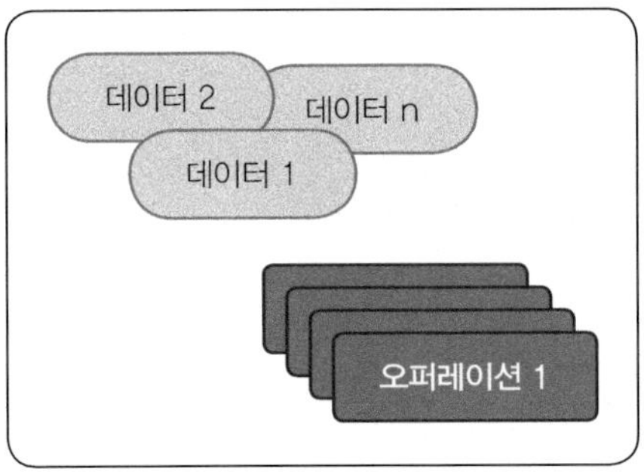

그림 4-1. 캡슐화 장치

캡슐화란 관련된 데이터와 관련된 함수들을 클래스라는 하나의 캡슐 속으로 그룹화 혹은 묶어주는 장치 또는 메커니즘이다. 따라서 캡슐화를 다른 말로 표현할 때 '번들링(Bundling)'이라고도 한다. 이처럼 캡슐화 메커니즘이 관련된 데이터와 함수를 하나의 장치 속으로 묶어주기 때문에 어떤 개념을 추상화시켜 표현하는 데 있어서 큰 도움이 된다. 결국 추상화가 잘 되면 될수록 프로그램의 모듈화를 향상시키는 결과를 초래하게 된다.

객체지향 개념

캡슐화의 개념

1. 클래스를 통해 캡슐을 정의한다.
2. 한 캡슐 내에는 서로 관련된 데이터와 함수가 묶여있어야 한다.
3. 캡슐은 추상화를 표현하는 장치이다.

UML

자바

그림 4-2. 캡슐화의 개념

물론 이 캡슐화 장치는 객체지향 언어에만 존재하는 것은 아니다. 기존의 절차지향 언어에서도 이러한 캡슐화를 위한 시도로 C언어에서는 구조체(Struct)나 공용체(Union)를 통해 사용되기는 하였다. 그러나 이 장치들은 관련된 데이터들을 묶어주는 장치에 불과했다. 이로 인해 특정 함수와 관련된 데이터들을 추적한다는 것이 매우 어려웠다. 이는 결국 소프트웨어 유지보수의 비용에 대한 부담을 가져왔다. 객체지향 언어가 새롭게 등장하면서 이러한 캡슐화가 완벽하게 지원되었다. 즉, 관련된 데이터와 함수들을 클래스라는 캡슐 속으로 묶어주는 장치가 등장하게 된 것이다. 이를 해결하기 위해 객체지향 기술에서는 캡슐화라는 장치를 제안한 것이다.

캡슐화는 결국 클래스 혹은 객체라는 단위를 생성하는 데 있어서 필수적인 요소이다. 따라서 정의된 클래스나 클래스로부터 생성된 객체 속에 서로 관련된 데이터나 함수들이 묶여있지 않으면 이는 캡슐화가 제대로 반영되지 않은 것이라고 볼 수 있다.

이전 장에서 인터넷 쇼핑몰 시스템 예제에서 추출한 클래스들 가운데 '고객'이라는 클래스를 살펴보도록 하자. [그림 4-3]에서처럼 '고객' 클래스라는 캡슐 속에는 데이터와 함수(오퍼레이션)들이 묶여져 있다. 이 '고객'이라는 캡슐 속에 있는 데이터와 함수들을 보면 매우 밀접한 관련성을 지니고 있다. 각각의 함수들을 보면 같은 캡슐 내에 있는 데이터들을 접근하여 처리하는 함수들로 되어 있다. 이를 관련 있는 데이터와 함수들의 집합이라고 한다. 여기서 말하는 관련성은 소프트웨어공학적인 용어로 결합도가 높은 데이터와 함수들의 집합이라고 말한다. 한 캡슐 즉, 한 클래스 내에 있는 데이터와 함수들은 매우 결합도가 높은 데이터와 함수들로 구성이 되어야만 한다. 따라서 클래스 정의에 대한 적정성을 판단하는 기준 가운데 하나가 캡슐화가 잘 되어 있는지를 파악하는 것이다.

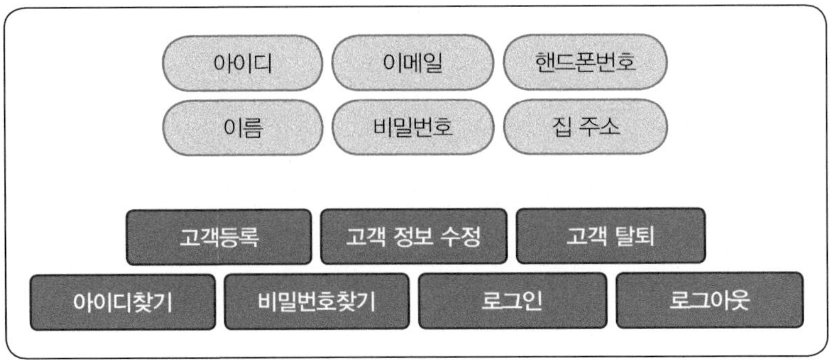

그림 4-3. '고객' 클래스의 데이터와 오퍼레이션

1.2 캡슐화의 특성

캡슐화는 객체지향 프로그램을 개발 또는 관리하는 사람들의 입장에서 매우 편리한 장치이다. 캡슐화는 다음과 같은 특성들을 가지고 있다.

그림 4-4. 캡슐화의 특성

❶ 추상화의 단위가 된다.

추상화란 복잡한 문제를 다루기 위해서 불필요한 부분들은 숨기고 중요한 부분만을 표현하는 것을 의미한다. 이런 의미에서 볼 때 캡슐화를 하면 추상화가 된다고 볼 수 있다. 캡슐화는 관련된 데이터와 함수들을 하나의 캡슐 단위로 묶어주기 때문에 복잡한 내용들은 캡슐 내부 속으로 모두 숨어버리게 되고 외부에는 캡슐 단위의 의미 있는 단위로만 보여주기 때문에 추상화 단위가 된다.

❷ 재사용의 단위가 된다.

객체지향에서 캡슐화의 단위는 클래스 단위로 정의되고, 클래스를 통해 객체 단위로 생성되어 움직인

다. 따라서 객체지향 프로그램에서의 재사용의 단위는 클래스 혹은 객체 단위로 사용되기 때문에 데이터나 함수 단위로 재사용하는 것에 비해 훨씬 재사용성이 높아지게 된다.

❸ 정보은닉을 실현하는 장치이다

캡슐화를 통해 인터페이스를 제외한 데이터와 함수들을 캡슐 속으로 숨기기 때문에 캡슐화를 통해 정보은닉이 실현되게 된다.

1.3 캡슐화와 정보은닉

객체지향 개념들 가운데 흔히 혼동하는 개념으로 캡슐화와 정보은닉을 들 수 있다. 어떤 저서들에서는 둘을 같은 의미로 혼용하여 사용하기도 하고, 또 다른 저서들에서는 구별하여 사용하기도 한다.

⊖ 객체지향 개념

캡슐화 vs 정보은닉

1. 캡슐화는 관련된 요소들을 묶어줌으로써 캡슐 내부와 외부를 구별짓는 장치이다.
2. 정보은닉은 캡슐 내의 요소들에 대한 세부 구현 사항들을 외부에 숨기는 장치이다.

⊕ UML

⊕ 자바

그림 4-5. 클래스와 객체 간의 관계

❶ 캡슐화는 관련된 요소들을 묶음으로써 캡슐 내부와 외부를 구별 짓는 장치이다

캡슐화를 하게 되면 관련된 데이터와 함수들이 캡슐 속으로 묶이게 됨으로써, 캡슐 내에 속한 부분과 캡슐 밖에 있는 부분들에 대한 명확한 구분이 이루어진다. 즉, 특정 객체 속에 있는 데이터와 함수들이 다른 객체 속에 있는 데이터와 함수들과 구별이 이루어진다. 이렇게 됨으로써 객체들 간에 서로 상대방 객체의 인터페이스(공용 함수)만을 볼 수 있다. 각 객체가 가지고 있는 데이터들은 해당 객체 속에 숨어 있기 때문에 외부 객체에서는 볼 수 없다.

❷ 정보은닉은 캡슐 내의 요소들에 대한 세부 구현사항을 외부에 숨기는 장치이다

정보은닉은 캡슐화 되어 있는 데이터와 함수들에 대해서 외부에서 해당 함수가 어떻게 구현되어 있는지에 대한 세부 사항을 숨기는 것이다. 따라서 캡슐화가 되어 있다고 해서 반드시 정보은닉이 되는 것은 아니다.

02 UML에서의 캡슐화

캡슐화 설계는 클래스 설계 시에 데이터와 함수에 대한 결합도나 정보은닉을 고려하여 설계한다.

2.1 캡슐화 표기법

캡슐화 표기는 클래스 설계 시 묵시적으로 반영되어 설계된다. [그림 4-6]과 같이 Product 클래스는 Product의 정보와 기능을 대변할 수 있는 추상화 단위이며 재사용 단위가 된다. Product 클래스에 포함된 데이터와 함수는 서로 결합도가 높으며 데이터나 함수의 변경은 서로 영향을 줄 수 있다. 캡슐화의 정보은닉 특성은 접근자를 통해 설계 가능하며, 본 Product 클래스는 데이터에 대해 접근자를 '-'로 정의하고 외부에서 접근하지 못하도록 설계하였으며 함수에 대해서는 '+'로 정의하여 외부에서 접근할 수 있도록 설계하였다. 데이터뿐만 아니라 함수도 외부에 숨길 필요가 있는 경우 '-'로 정의하여 정보은닉한다.

⊖ 객체지향 개념

캡슐화의 특성

1. 추상화 단위가 된다.
2. 재사용의 단위가 된다.
3. 정보은닉을 실현하는 장치이다.

⊖ UML

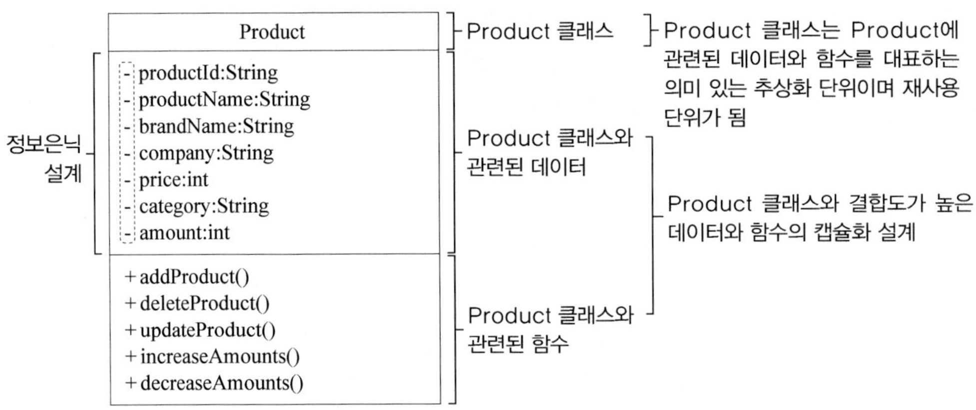

(가) 클래스 구성요소에 의한 클래스 표기

⊕ 자바

그림 4-6. 캡슐화 표기

03 자바에서 캡슐화

UML을 이용하여 설계한 캡슐화를 자바의 프로그래밍 문법과의 연관관계를 살펴보고 구현한다.

3.1 캡슐화 구현

자바의 캡슐화 구현은 클래스 구현을 기반으로 추상화, 재사용, 그리고 정보은닉을 구현한다.

객체지향 개념

캡슐화의 특성

1. 추상화 단위가 된다.
2. 재사용의 단위가 된다.
3. 정보은닉을 실현하는 장치이다.

UML

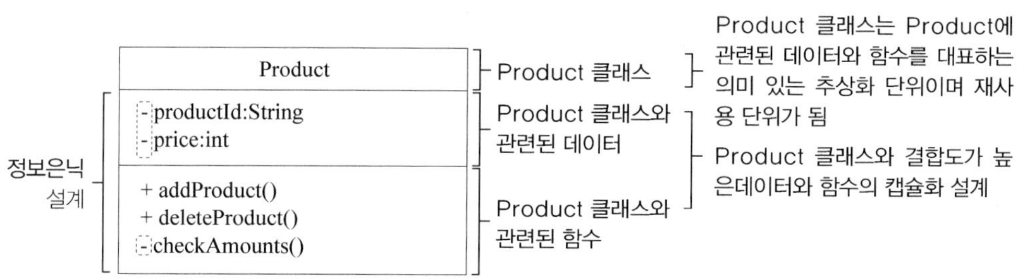

(가) 캡슐화된 클래스

자바

정보은닉 구현

```
public class Product  {
   private String   productId;
   private int         price;

   public void addProduct(String productId) { … }
   public Booelan deleteProduct(String  productId) { … }
   private Boolean checkProduct(String productId) { … }
}
```

Product 클래스와 결합도가 높은 데이터와 함수의 캡슐화 구현

그림 4-7. 캡슐화 구현

[그림 4-7]에서와 같이 Product라는 클래스로 추상화되었으며 Product 단위로 재사용될 수 있다. 또한 Private 접근자에 의해 UML의 '-' 표기를 구현하며, 데이터와 함수에 대해 정보은닉을 구현할 수 있다.

Product 클래스 재사용

```
public class Order  {
    String      orderId;
    Payment     paymentType;
    Delivery    deliveryType;
    Product     product;

}
```

그림 4-8. 캡슐화된 클래스의 재사용

캡슐화되어 재사용될 수 있는 클래스는 [그림 4-8]과 같이 다른 클래스의 데이터로 재사용될 수 있다. 이렇게 재사용되는 클래스는 추상화된 클래스 내부의 데이터나 함수를 모두 재사용할 수 있다.

참고

캡슐화는 객체지향 언어에만 있는 독특한 장치는 아니다. 기존에 C언어에서도 캡슐화 장치는 있었다. 다만 객체지향 언어로 오면서 캡슐화 장치가 보다 완벽하게 지원되게 된 것이다.

C언어에는 구조체(Struct)가 캡슐화 장치이다. 그러나 아래 예제처럼 구조체에서는 관련 데이터들만 캡슐화할 수 있었다.

```
struct customer {
    char name[20];
    char address[30];
    int age;
};
```

객체지향 언어에서는 이러한 한계점을 극복하여 관련된 데이터와 함수들을 모두 캡슐화할 수 있게 되었다.

```
class customer {
    String name;
    String address;
    int age;
    public void changeAddress(String newAddress) {
        address=newAddress;
    }
    public String getName() {
        return name;
    }
}
```

요약

❶ 캡슐화란 관련된 데이터와 관련된 함수들을 클래스라는 하나의 캡슐 속으로 그룹화 혹은 묶어주는 장치 또는 메커니즘이다.

❷ 한 캡슐 즉, 한 클래스 내에 있는 데이터와 함수들은 매우 결합도가 높은 데이터와 함수들로 구성이 되어야만 한다.

❸ 클래스 정의에 대한 적정성을 판단하는 기준 가운데 하나가 캡슐화가 잘 되어 있는지를 파악하는 것이다.

❹ 캡슐화의 첫 번째 특성은 추상화 단위가 된다. 두 번째 특성은 재사용의 단위가 된다. 세 번째 특성은 정보은닉을 실현하는 장치가 된다.

❺ 캡슐화와 정보은닉의 차이점은 캡슐화는 관련된 요소들을 묶어줌으로써, 캡슐 내부와 외부를 구별짓는 장치이다. 반면에 정보은닉은 캡슐 내의 요소들에 대한 세부 구현 사항들을 외부에 숨기는 장치이다.

❻ UML에서의 캡슐화 표기는 클래스 설계 시 묵시적으로 반영되어 설계된다. UML 클래스에 포함된 데이터와 함수는 서로 밀접하게 관련되어 있다.

❼ UML에서의 정보은닉 특성은 가시성(Visibility)를 통해 반영한다.

❽ 자바의 캡슐화 구현은 클래스 구현을 기반으로 추상화, 재사용, 그리고 정보은닉을 구현한다.

연습 문제

1. 캡슐화에 대해 정의하시오.

2. 캡슐화의 특징에 대해 설명하시오.

3. 캡슐화와 정보은닉의 차이를 설명하시오.

4. 캡슐화를 UML로 표현하기 위한 방법에 대해 설명하시오.

5. 다음의 캡슐화를 표현화 UML의 클래스 표기를 자바 코드로 정의하시오.

Product
- productId:String - price:int
+ addProduct() + deleteProduct() + checkProduct()

기초 실습

1. 다음의 요구사항을 기반으로 캡슐화를 고려하여 클래스 다이어그램을 설계하시오.

- **도서 대여 시스템의 요구 사항**

> 본 도서대여 시스템은 사용자정보와 도서정보를 기반으로 대여정보에 의해 대여할 수 있다. 도서를 반납 시 대여기간이 초과한 경우 연체처리를 한다.
>
> 본 시스템에서는 사용자 정보를 사용자 등록, 사용자 수정, 사용자 삭제, 사용자 조회를 할 수 있다. 도서 정보는 도서 등록, 도서 수정, 도서 삭제, 도서 조회를 할 수 있다.
>
> 대여 시 반드시 사용자 조회와 도서 조회를 해야 한다.
>
> - 속성: 사용자 ID, 사용자 암호, 성명, 도서ID, 도서명, 출판사, 대여ID, 대여일, 반납일
> - 메소드: 대여, 반납, 연체, 사용자 등록, 사용자 수정, 사용자 삭제, 사용자 조회, 도서 등록, 도서 수정, 도서 삭제, 도서 조회

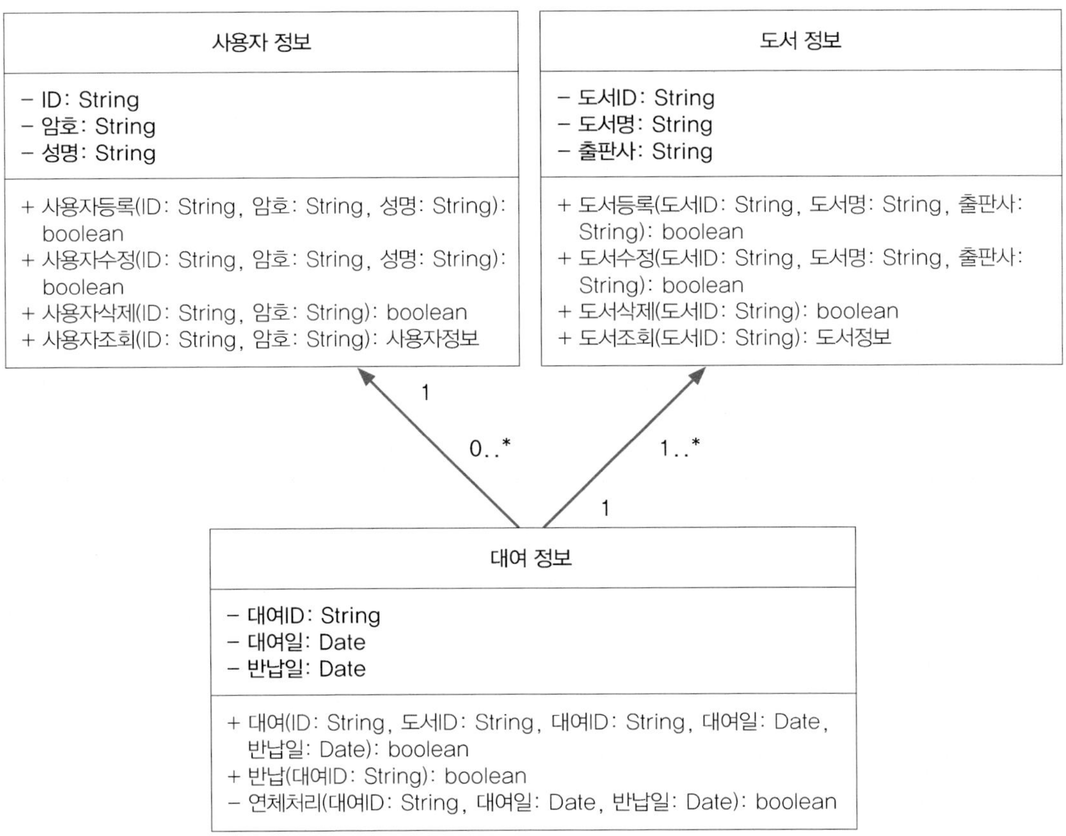

2. 다음의 요구사항을 캡슐화를 고려하여 클래스 다이어그램을 설계하시오.

- **학사관리 시스템의 요구 사항**

> 본 학사관리 시스템을 통해 학생은 수강신청, 성적 조회를 할 수 있으며, 교수는 수강과목등록, 성적입력을 할 수 있다.
>
> 학생과 교수에게 제공되는 기능은 과목 정보를 통해 가능하다.
>
> • 속성: 학번, 암호, 성명, 학과, 학년, 교수ID, 교수암호, 교수성명, 교수학과, 과목ID, 과목점수, 학점
> • 메소드: 수강신청, 성적조회, 수강과목등록, 성적입력

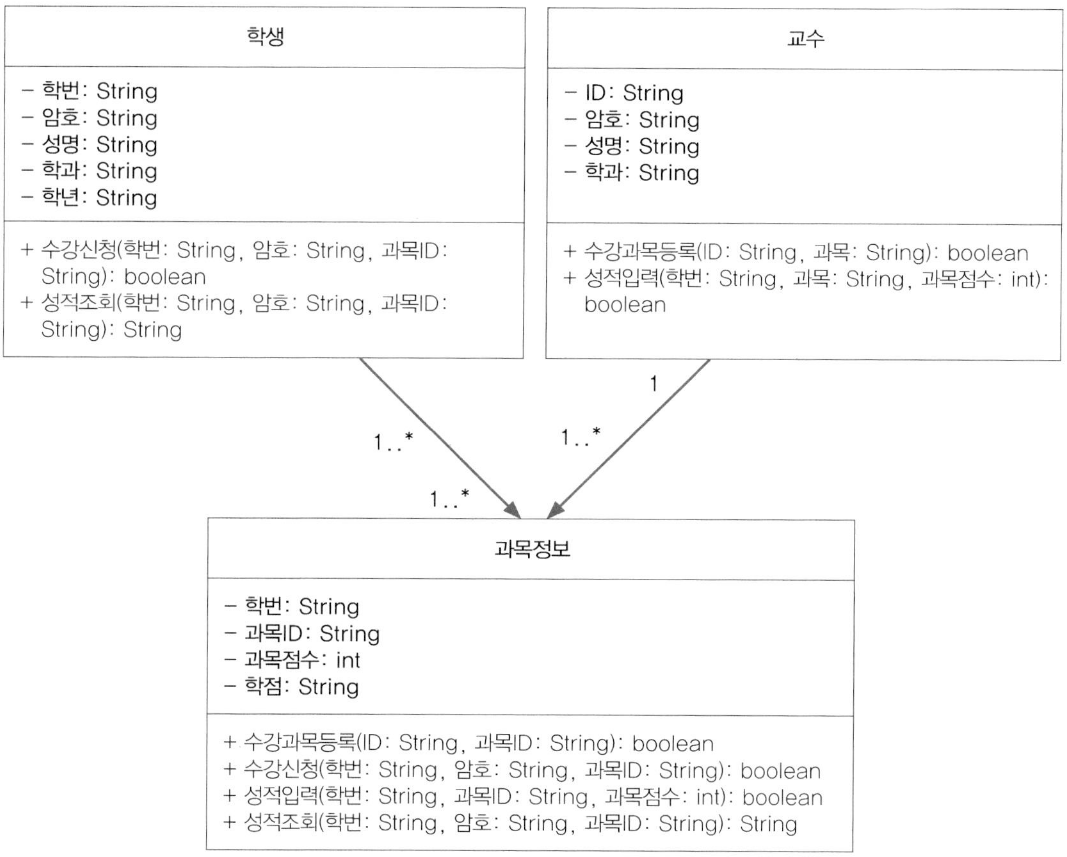

3. 다음의 요구사항을 캡슐화를 고려하여 클래스 다이어그램을 설계하시오.

- **항공예약 시스템의 요구 사항**

본 항공예약 시스템에서 고객은 예약정보를 통해 항공티켓을 예약할 수 있다. 예약 후에 티켓을 구매할 수 있다. 또한 본 시스템을 통해 고객 정보를 고객등록, 고객수정, 고객삭제, 고객조회할 수 있다. 항공티켓 정보는 티켓등록, 티켓수정, 티켓삭제, 티켓조회할 수 있다. 예약 시 반드시 고객조회와 티켓조회를 해야 한다.

- 속성: 고객ID, 암호, 성명, 주민번호, 예약번호, 예약날짜, 항공권번호,티켓번호, 비행기편, 좌석, 출발시간, 도착시간
- 메소드: 예약, 구매, 고객등록, 고객수정, 고객삭제, 고객조회, 티켓등록, 티켓수정, 티켓삭제, 티켓조회

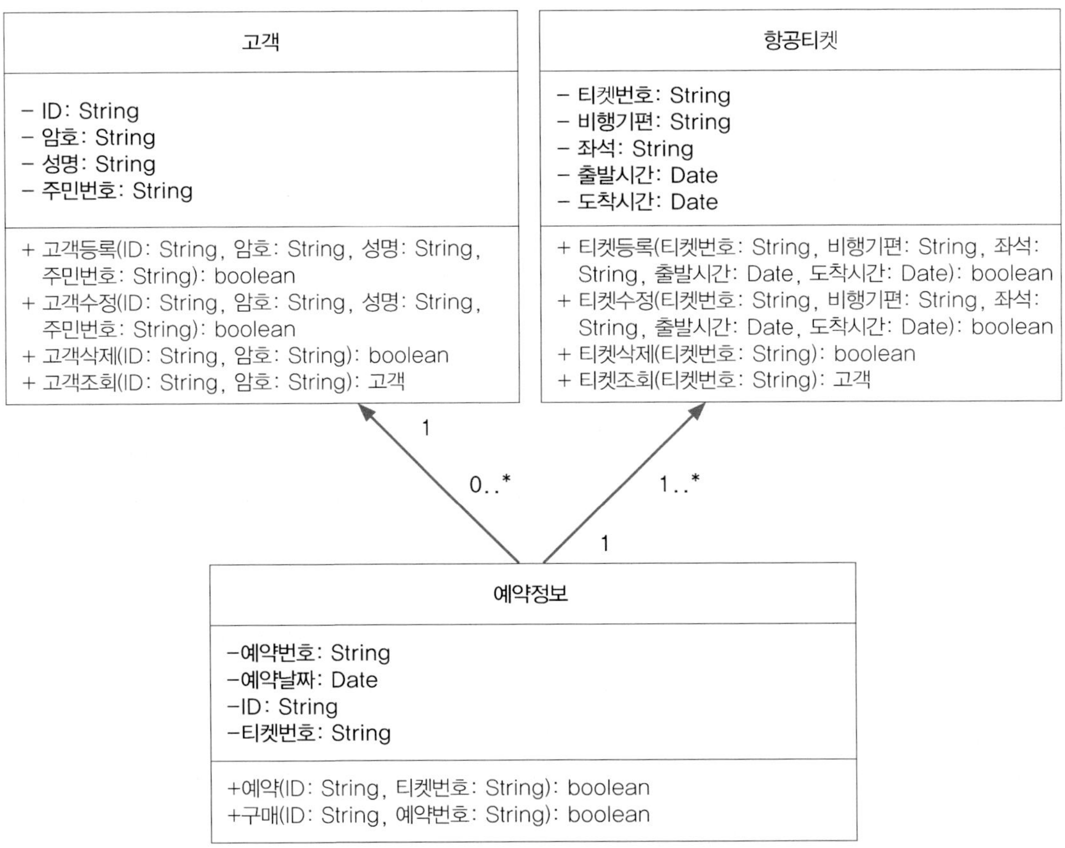

응용 실습

1. 다음의 학사관리 시스템 요구사항을 기반으로 캡슐화를 고려하여 클래스 다이어그램을 설계하시오.

학생(학번, 암호, 성명, 학과, 학년, 전화번호, 주소, 이메일)은 수강신청, 성적조회를 할 수 있다.
교수(ID, 암호, 성명, 학과, 전화번호, 이메일)는 수강과목등록, 성적입력을 할 수 있다.

2. 다음의 학사관리 시스템 요구사항을 기반으로 캡슐화를 고려하여 클래스 다이어그램을 설계하시오.

학생(학번, 암호, 성명, 학과, 학년, 전화번호, 주소, 이메일)은 수강신청, 성적조회를 할 수 있다.
교수(ID, 암호, 성명, 학과, 전화번호, 이메일)는 수강과목등록, 성적입력을 할 수 있다.
과목(학번, 과목Id, 과목점수, 학점)은 수강과목 등록, 수강신청, 성적입력, 성적조회를 할 수 있다.

3. 다음의 도서대출 시스템 요구사항을 기반으로 캡슐화를 고려하여 클래스 다이어그램을 설계하시오.

> 본 시스템을 통해 사용자 정보(사용자 ID, 사용자 암호, 사용자 성명, 사용자 전화번호, 사용자 주소)를 생성, 수정, 삭제, 조회할 수 있으며, 해당 사용자는 도서(도서ID, 도서명, 출판사, 대여일, 반납일)을 대출, 반납(연체)할 수 있다.

Chapter

05 정보은닉

학·습·목·표

정보은닉에 대한 개념을 이해한다.

정보은닉의 이점을 이해한다.

UML에서의 정보은닉을 위한 메커니즘을 이해한다.

자바 언어에서의 정보은닉 장치를 이해한다.

목·차

01 정보은닉의 개념

이 절에서는 객체지향 핵심 개념 가운데 하나인 캡슐화 개념에 대해 살펴보기로 한다.

1.1 정보은닉의 정의

캡슐화가 관련된 데이터와 함수를 묶어 주는 장치에 반해 정보은닉은 캡슐 속에 있는 데이터와 함수들 가운데 외부에 노출시키지 않고 내부에 숨기는 장치를 말한다. 이러한 의미에서 정보은닉을 '블랙박스'라고도 한다.

● 정보은닉은 블랙박스이다.

그림 5-1. 캡슐화 장치

따라서 정보은닉이 되기 위해서는 먼저 캡슐화가 되어 있어야 한다. 캡슐화가 되어 있는 상태에서 객체 내부에 숨길 데이터와 함수들을 숨기는 것이 정보은닉이다. 그러나 한가지 유의할 점이 있다. 캡슐 속에 있는 모든 데이터와 함수들을 다 은폐시켜 버리면 해당 객체는 외부 다른 객체들과 정보를 주고 받을 수 없다. 따라서 모든 데이터와 함수를 정보은닉 시켜서는 안되고 외부에 노출시킬 필요가 없는 데이터와 함수들만 은폐시켜야 한다. 그리고 외부 객체들과 정보를 주고 받을 수 있는 공개 인터페이스(public 함수)를 반드시 하나 이상 정의해야 한다.

● 정보은닉은 공개인터페이스를 제공해야 한다.

여기서 공개 인터페이스는 객체라는 캡슐에 있는 함수들 가운데 일부이다. 이 인터페이스 역할을 하는 함수들은 외부 객체와 정보를 주고받기 위한 통로 역할을 한다.

객체지향 개념

정보은닉의 개념

1. 데이터와 함수를 객체 내부에 숨기는 장치이다.
2. 블랙박스이다.
3. 외부 객체와의 통신을 위해 공개 인터페이스를 지닌다.

UML

자바

그림 5-2. 정보은닉의 개념

공개 인터페이스는 해당 객체가 다른 객체들에게 자신이 어떠한 서비스를 제공할 수 있는 지를 선언하는 것이다. 이 공개 인터페이스에서는 해당 서비스를 제공하기 위해 어떻게 구현되었는지에 대한 세부 사항은 전혀 노출되지 않는다. 따라서 공개 인터페이스에는 해당 함수명, 반환타입, 매개 변수 등만이 제공된다.

이 원리는 소프트웨어공학에서 말하는 관심 분리(Separate of Concern) 원리를 반영한 것이며, 하드웨어에서는 이러한 원칙이 많이 실현되어 개발되어 있다. 예를 들어 마우스라든가 모니터 등을 보면, 마우스의 내부 구현사항은 마우스 사용자들에게는 모두 숨겨져 있고 다만 인터페이스인 버튼이나 휠 만이 공개 인터페이스로 제공되어 있다. 모니터의 경우도 모니터 조작에 필요한 버튼들만이 공개 인터페이스로 제공되어 있다. 우리는 이러한 공개 인터페이스를 통해 해당 모니터나 마우스의 기능들을 사용하게 되며, 이 공개 인터페이스들을 통해 마우스 객체 혹은 모니터 객체와 통신을 하게 되는 것이다.

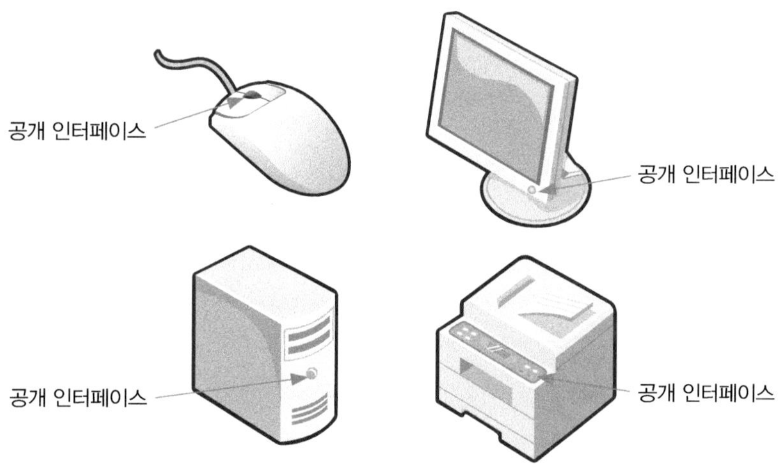

그림 5-3. 공개 인터페이스

정보은닉은 객체지향 개념이다. 이 정보은닉 개념은 [표 5-1] 처럼 모델링 언어나 객체지향 프로그래밍 언어마다 실현시키는 표기법이 다르다.

UML	Java	C++
+	public	public
#	protected	protected
-	private	private
~	표기법 없음(No Keyword)	friend

표 5-1. 정보은닉 표기법

1.2 정보은닉의 이점

정보은닉은 캡슐화를 함께 수반한다고 볼 수 있다. 따라서 캡슐화의 특성이 정보은닉에도 반영된다고 할 수 있다. 여기서는 정보은닉 장치가 제공하는 이점들을 살펴보기로 한다.

객체지향 개념

정보은닉의 이점

1. 추상화를 향상시켜준다.
2. 내부 데이터나 알고리즘의 변경이 용이하다.
3. 모듈의 독립성을 높여준다.
4. 확장성을 높여준다.

UML

자바

그림 5-4. 캡슐화의 특성

❶ 추상화를 향상시켜준다.

객체의 추상화 정도는 캡슐화와 정보은닉을 통해 이루어진다고 할 수 있다. 객체지향에서 모든 객체는 기본적으로 객체라는 캡슐 단위로 구성되기 때문에 기존 절차지향 개념에 비해서는 추상화 정도가 많이 향상된 것이다. 그러나 객체지향 자체에서 객체끼리의 추상화 정도를 비교할 경우에 있어서는 정보은닉의 정도에 따라 추상화 정도가 달라질 수 있다. 즉, 정보은닉이 많이 되면 될수록 추상화 정도는 높아지게 된다. [그림 5-5]와 [그림 5-6]처럼, (b)의 경우보다 (a)의 경우가 추상화의 정도가 높다고 할 수 있는 것이다.

(a) (b)

그림 5-5. 추상화 정도-1

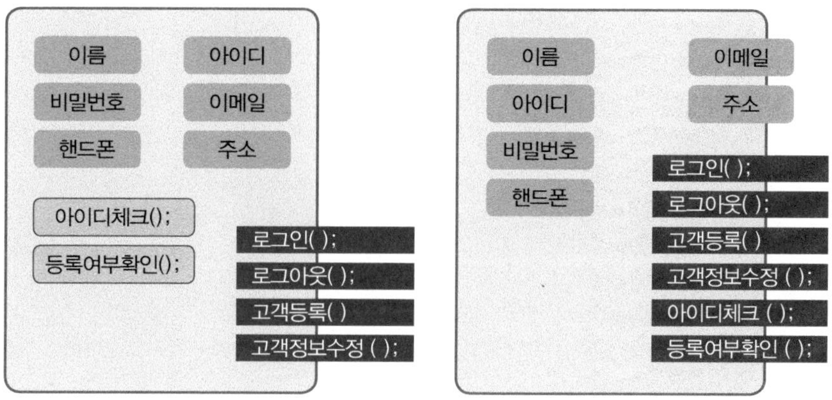

(a) (b)

그림 5-6. 추상화 정도-2

❷ 내부 데이터나 알고리즘의 변경이 용이하다.

기존의 절차적 프로그래밍에서는 특정 데이터의 타입을 변경하는 경우에 있어서 해당 프로그램 내에 있는 모든 함수들 가운데서 변경되는 데이터와 관련된 함수들을 모두 추적해야 하는 어려움이 있었다. 그러나 객체지향에서는 정보은닉 장치가 지원되면 객체 내의 데이터나 함수를 변경할 경우, 타 객체에 영향을 주지 않고 독립적으로 변경을 쉽게 할 수 있다.

❸ 모듈의 독립성을 높여준다.

모듈의 독립성은 해당 모듈이 다른 모듈과의 의존도를 가지고 판단한다. 즉, 해당 모듈에 대한 변경이 타 모듈에 끼치는 영향의 정도를 가지고 측정하게 된다. 객체지향에서는 해당 객체 내에는 필요한 데이터와 함수들이 함께 존재하게 됨으로써(캡슐화) 모듈의 독립성이 존재할 뿐만 아니라 정보은닉을 통해 세부적인 데이터나 함수들을 은폐시킴으로써 모듈의 독립성(객체의 독립성)을 한 차원 더 향상시킨다.

❹ 확장성을 높여준다.

정보은닉은 객체 단위로 이루어진다. 즉, 한 객체에 존재하는 데이터와 함수들에 대해서 정보은닉을 하게 된다. 따라서 일부 데이터나 함수들을 특정 객체 속으로 추가하거나 특정 객체 속에서 삭제할 경우, 타 객체들에 영향을 주지 않고 이루어질 수 있다. 따라서 객체 내의 데이터나 함수의 추가 및 삭제가 용이하기 때문에 정보은닉은 확장성을 높여준다.

02 UML에서의 정보은닉

정보은닉 설계는 캡슐화 설계와 유사하며 데이터나 함수의 접근자를 통해서 설계한다.

2.1 정보은닉 표기법

정보은닉 표기는 클래스 설계 시 접근자를 통해 설계되며 [그림 5-7]과 같이 접근자 '-'를 이용하여 데이터와 함수에 대한 정보은닉을 설계한다. 이렇게 정보은닉 설계는 Customer 클래스가 외부로 공개되지 않아도 될 데이터 및 함수에 대해 블랙박스화시키므로 클래스를 추상화시킬 수 있다. 클래스의 정보은닉은 불필요한 부분들을 접근하지 못하게 하므로 외부 접근에 의한 복잡성 및 위험성을 감소시켜 줄 수 있다.

객체지향 개념

정보은닉의 개념

1. 데이터와 함수를 객체 내부에 숨기는 장치이다.
2. 블랙박스이다.
3. 외부 객체와의 통신을 위해 공개 인터페이스를 지닌다.

UML

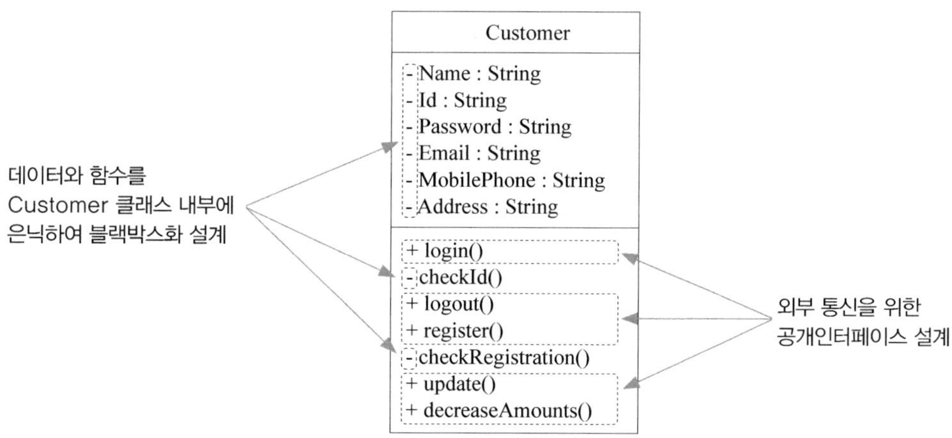

(가) 정보은닉 설계된 클래스

자바

그림 5-7. 정보은닉 표기

Customer 클래스에서 'Name', 'Id', 'Password', 등과 같은 데이터를 외부에서 직접적으로 접근을 제공하면 'login()' 함수나 'register()' 함수에 복잡성을 발생시키며 데이터에 대한 일관성을 유지할 수 없는 위험을 발생시킨다. 또한 'checkId()' 나 'checkRegistration()' 함수는 외부에 공개할 필요가 없는 함수로서 Customer 클래스를 사용하는 사용자에게 혼란을 증가시킨다. 사용자에게 필요한 함수만을 외부에 공개하기 위해 접근자 '+' 를 이용하여 설계한다.

03 자바에서의 정보은닉

자바에서 정보은닉 구현은 캡슐화의 구현과 동일하며 UML 설계에서 접근자에 의해 표기를 자바언어로 맵핑하여 구현한다.

3.1 정보은닉 구현

자바의 정보은닉 구현은 [표 5-1]에서와 같이 Private, Public, Protected, Friendly(키워드를 명시하지 않음) 접근자를 통해서 데이터와 함수의 공개와 비공개를 구현한다.

객체지향 개념

정보은닉의 개념

1. 데이터와 함수를 객체 내부에 숨기는 장치이다.
2. 블랙박스이다.
3. 외부 객체와의 통신을 위해 공개 인터페이스를 지닌다.

UML

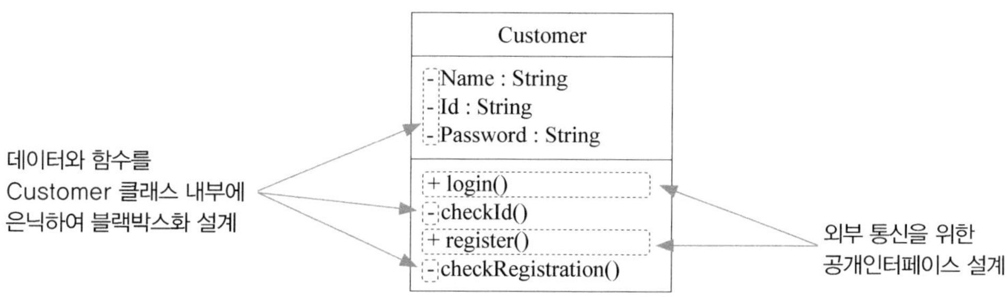

(가) 정보은닉 설계된 클래스

자바

정보은닉 구현

Customer 클래스 내부에서만 이용되는 함수로 정보은닉하여 구현

```
public class Customer {
   private String   Name;
   private String   Id;
   private String   Password;

   public  Boolean login(String ID, String PW) { retturn checkId(ID,PW); }
   private Booelan checkId(String ID, String PW) { Id=ID; Password=PW; ...}
   ...
}
```

(가) 정보은닉 설계된 클래스

그림 5-8. 정보은닉 구현

[그림 5-8]에서와 같이 Customer 클래스의 데이터 중에 'Id', 'Password'는 외부에 직접적인 접근을 피하기 위해 private 예약어를 통해 정보은닉을 구현한다. 'checkId()' 함수는 외부에서 사용하지 않고 'login()' 함수와 같이 내부에서만 사용되어야 하고 공개하지 되지 않아야 하는 함수에 대해 private 예약어를 사용하여 구현한다.

참고

UML에서는 가시성의 종류가 4가지 즉, Private(-), Protected(#), Package(~), Public(+)이 있다.

다음 예제를 통해 각각의 종류에 따라 접근할 수 있는 범위를 살펴보자.

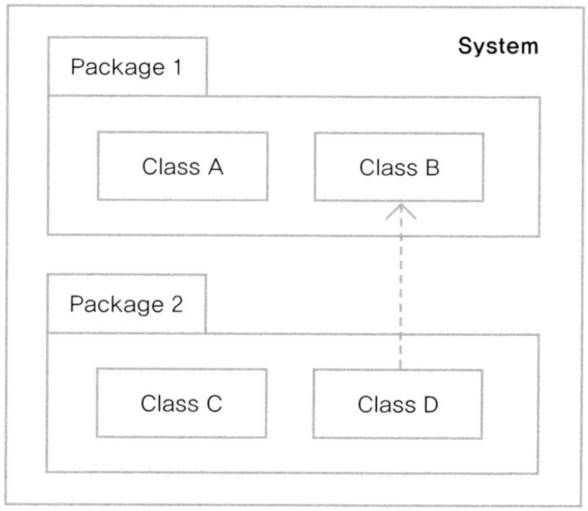

- **Private인 경우**

  클래스 B의 Private으로 설정된 요소들은 단지 클래스 B에서만 접근이 가능하다.

- **Protected인 경우**

  클래스 B의 protected로 설정된 요소들은 클래스 B의 서브 클래스들이 모두 접근 가능하다.

- **Package인 경우**

  클래스 B의 package로 설정된 요소들은 Package 1에 있는 모든 클래스들이 접근 가능하다.

- **Public인 경우**

  클래스 B의 public으로 설정된 요소들은 같은 시스템에 있는 모든 클래스들이 접근 가능하다.

요약

❶ 캡슐화가 관련된 데이터와 함수를 묶어 주는 장치에 반해 정보은닉은 캡슐 속에 있는 데이터와 함수들 가운데 외부에 노출시키지 않고 내부에 숨기는 장치를 말한다.

❷ 정보은닉은 첫째, 데이터와 함수를 객체 내부에 숨기는 장치이다.

❸ 정보은닉은 둘째, 블랙박스이다.

❹ 정보은닉은 셋째,외부 객체와의 통신을 위해 공개 인터페이스를 지닌다.

❺ 정보은닉을 이용하면 첫째, 추상화를 향상시켜준다.

❻ 정보은닉을 이용하면 둘째, 내부 데이터나 알고리즘의 변경이 용이하다.

❼ 정보은닉을 이용하면 셋째, 모듈의 독립성을 높여준다.

❽ 정보은닉을 이용하면 넷째, 확장성을 높여준다.

❾ UML에서의 정보은닉 표기는 클래스 설계 시 접근자를 통해 설계되며 접근자 '-'를 이용하여 데이터와 함수에 대한 정보은닉을 설계한다.

❿ 자바의 정보은닉 구현은 Private, Public, Protected, Friendly 접근자를 통해서 데이터와 함수의 공개와 비공개를 구현한다.

연습 문제

1. 정보은닉 개념을 정의하시오.

2. UML의 정보은닉 표기에 대해 자바와 C++ 언어에 맞게 정의하시오.

UML	Java	C++
+		
#		
-		
~		

3. 정보은닉의 장점에 대해 설명하시오.

4. 자바에서 정보은닉의 장치에 대해 설명하시오.

- Private
- Public
- Protected
- Friendly

기초 실습

1. 다음 자바 코드의 오류에 대해 공개 인터페이스를 추가하여 수정하시오.

StudentTest.java

```
class Student {
    public String name;          /* 이름 */
    private int number;          /* 학번 */
    int age;                     /* 나이 */
    int grade;                   /* 학년 */
    String schoolName;           /* 학교명 */
    String records;              /* 성적 */
}
```

StudentTest.java

```
public class StudentTest {
    public static void main( String args[] ){
        Student hong = new Student();
        hong.name = "홍길동";
        hong.age = 20;
        hong.number = 20090101;
        System.out.println("학생의 이름은 " + hong.name + "이고, 나이는 "
                               + hong.age + "입니다");
    }
}
```

- Student 클래스의 모든 속성 접근자를 private으로 정의
- Student 클래스의 각 속성을 위한 공개 인터페이스(get/set 함수) 추가

```
public void setName(String name1) { name = name1; }
public String getName() { return name; }
```

- Student 객체(객체명: 'hong') 생성
- 모든 속성 출력(예: getName() 함수를 이용하여 출력)

```
System.out.println("학생의 이름은 " + hong.getName() + "입니다.");
```

StudentTest.java

```
class Student {
    private String name;          /* 이름 */
    private int number;           /* 학번 */
    private int age;              /* 나이 */
    private int grade;            /* 학년 */
    private String schoolName;    /* 학교명 */
    private String records;       /* 성적 */
    public void setName( String name1 ) { name = name1; }
    public String getName( ) { return name; }
    …

}
```

StudentTest.java

```
public class StudentTest {
    public static void main( String args[] ){
        Student hong = new Student();
        hong.setName("홍길동");              //hong.name="홍길동";
        System.out.println("학생의 이름은 "+ hong.getName() + "입니다");
        …
    }
}
```

응용 실습

1. 다음의 도서대여시스템 요구사항을 기반으로 정보은닉을 고려하여 클래스 다이어그램을 설계하시오(참고: 〈〈boundary〉〉 클래스 추가).

- **도서대여시스템의 요구 사항**

> 본 도서대여 시스템은 사용자정보(ID, 암호, 성명)와 도서정보(도서ID, 도서명, 출판사)를 기반으로 대여정보(대여ID, 대여일, 반납일)에 의해 대여할 수 있다. 도서를 반납 시 대여기간이 초과한 경우 연체 처리를 한다. 본 시스템에서는 사용자 정보를 사용자 등록, 사용자 수정, 사용자 삭제, 사용자 조회 할 수 있다. 도서정보는 도서 등록, 도서 수정, 도서 삭제, 도서 조회 할 수 있다. 대여 시 반드시 사용자 조회와 도서 조회를 해야 한다.

2. 다음의 도서대여시스템 요구사항을 기반으로 정보은닉을 고려하여 구현하시오.

- **도서대여시스템의 요구 사항**

본 도서대여 시스템은 사용자정보(ID, 암호, 성명)와 도서정보(도서ID, 도서명, 출판사)를 기반으로 대여정보(대여ID, 대여일, 반납일)에 의해 대여할 수 있다. 도서를 반납 시 대여기간이 초과한 경우 연체 처리를 한다. 본 시스템에서는 사용자 정보를 사용자 등록, 사용자 수정, 사용자 삭제, 사용자 조회 할 수 있다. 도서정보는 도서 등록, 도서 수정, 도서 삭제, 도서 조회 할 수 있다. 대여 시 반드시 사용자 조회와 도서 조회를 해야 한다.

2.1 데이터베이스에 데이터를 관리하시오.

2.2 웹 페이지에 처리(대출, 반납, 연체) 결과를 표시하시오.

(웹 페이지는 useBean을 사용하여 클래스를 호출한다.)

3. 다음의 온라인 쇼핑몰 시스템 요구사항을 기반으로 정보은닉을 고려하여 설계 및 구현하시오.

- **온라인 쇼핑몰 시스템의 요구 사항**

> 온라인 쇼핑몰의 회원을 회원과 비회원으로 구분한다.
> 회원은 ID, 이름, 주민번호, 마일리지 정보를 갖는다.
> 비회원은 이름, 주민번호 정보를 갖는다.
> 회원은 Login, 등록, 수정, 삭제, 조회 처리가 가능하며,
> 비회원은 등록, 수정, 삭제, 조회 처리가 공개되지 않는다.
> (비회원은 Login 처리만 가능하다.)

3.1 클래스 다이어그램을 설계하시오.

3.1 웹 페이지에 결과를 표시하시오.
(웹 페이지는 useBean을 사용하여 클래스를 호출한다.)

실습 문제

1. 온라인 뱅킹 시스템의 클래스 설계에서 UML의 표기법을 이용하여 정보은닉을 설계하시오. (2장 클래스 다이어그램 참조)

- **정보은닉 요구 사항**

사용자 클래스의 사용자 ID, 사용자 암호, 사용자 성명, 사용자 전화번호, 사용자 주소 정보 : 미공개 사용자의 생성(), 수정(), 삭제(), 조회() 함수 : 공개 계좌 클래스의 계좌번호, 잔액 정보 : 비공개 계좌 클래스의 입금(), 출금(), 이체() 함수 : 공개 계좌 클래스의 잔액계산() 함수 : 비공개

2. 온라인 뱅킹 시스템의 클래스 설계에 적용된 정보은닉 자바 코드를 정의하시오.

Chapter 06

메시지

학·습·목·표

메시지에 대한 개념을 이해한다.

메시지의 특성을 이해한다.

UML에서의 메시지를 위한 메커니즘을 이해한다.

자바 언어에서의 메시지 장치를 이해한다.

목·차

01 메시지의 개념

이 절에서는 객체지향 핵심 개념 가운데 하나인 메시지 개념에 대해 살펴보기로 한다.

1.1 메시지의 정의

객체지향 프로그램은 객체들의 집합체이다. 즉, 서로 상호작용하는 객체들로 구성된 시스템이라고 할 수 있다. 따라서 단일 객체 그 자체만으로는 의미가 없으며 하나 이상의 객체들이 모여서 그들 간에 서로 상호 작용 해야 객체지향 소프트웨어로서 의미가 있게 된다.

객체지향 프로그래밍을 클래스 지향 프로그래밍이 아닌 객체지향 프로그래밍이라고 표현하는 데도 이 철학이 담겨 있다. 프로그램 작동의 주체는 클래스가 아닌 객체들이며, 이러한 객체들이 모여서 서로 정보를 주고 받으면서 프로그램이 작동되기 때문이다.

메시지는 객체가 다른 객체를 접근하기 위한 장치이다.

이처럼 객체들이 서로 상호작용하기 위해서는 객체가 다른 객체에 접근을 해야 하는데 이 장치를 '메시지(Message)'라고 한다. 여기서 한 객체가 다른 객체에 접근한다는 의미는 한 객체가 다른 객체의 서비스를 요청한다는 의미이다. 예를 들어, 쇼핑몰에서 '홍길동' 고객 객체가 자신이 주문한 '주문' 내용을 조회하기 위해서는 고객 객체에서 주문객체로 서비스를 요청해야 하는 것이다. 여기서 고객 객체에서 주문객체로 서비스를 요청하기 위한 장치가 메시지가 되는 것이며, 고객 객체에서 주문 객체로 메시지를 보내는 행위를 메시지 전달(Message Passing)이라고 한다. 이 메시지 전달은 기존 절차지향 프로그래밍에서의 함수 호출이 객체지향으로 오면서 변형된 형태이다. 절차지향에서는 함수 단위로 구성되어 있기 때문에 한 함수에서 또 다른 함수를 직접 호출하였다. 그러나 객체지향에서는 이러한 함수(오퍼레이션)들이 특정 객체 속으로 캡슐화 되었기 때문에 함수 호출은 직접 이루어지는 것이 아니라 특정 객체에서 다른 객체의 함수를 호출해야 한다. 이를 메시지라고 표현한다.

메시지는 한 객체가 다른 객체에게 서비스를 요청하기 위한 장치이다.

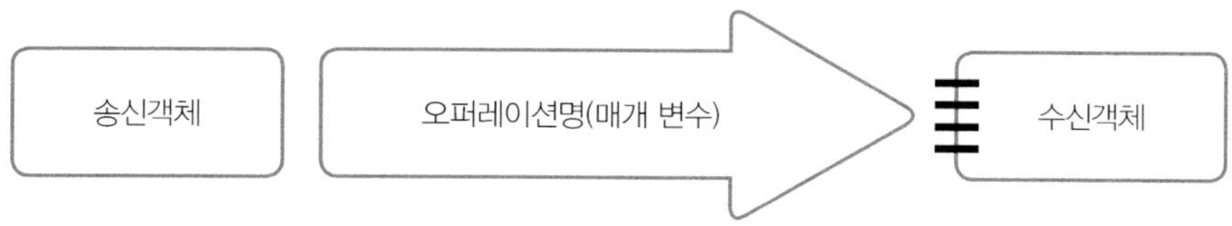

그림 6-1. 메시지

[그림 6-1]처럼 메시지는 서비스를 필요로 하는 객체(전송객체)에서 서비스를 제공하는 객체(수신 객체)로 전송된다. 메시지를 보낸다는 의미에서 전송객체라고 표현하였고, 메시지를 받는다는 의미에서 수신객체라고 표현한 것이다. 따라서 전송 객체는 자신이 필요로 하는 서비스를 갖고 있는 해당 객체에게 메시지 형태로 서비스를 보내는 것이다. 그리고 수신 객체는 메시지를 받게 되면, 자신이 갖고 있는 서비스를 송신객체에게 제공해 주게 되는 것이다.

메시지는 메시지를 받을 수신객체,오퍼레이션명, 매개 변수로 구성된다.

[그림 6-1]에 나타난 오퍼레이션명은 수신객체에 있는 함수(메소드)를 의미한다. 따라서 기존 절차지향 프로그래밍에서의 함수호출과 원리는 동일하다. 다만 차이가 해당 오퍼레이션을 지니고 있는 수신객체를 반드시 오퍼레이션명 앞에 명시해 줘야 한다는 것이다. 따라서 메시지의 기본 형태는 '수신객체.오퍼레이션명(매개 변수1, 매개 변수2, …, 매개 변수n)'를 따른다. 예를 들어 '홍길동' 객체에서 'TV' 상품 객체에 상품검색 서비스를 요청할 경우 메시지는 [그림 6-2]와 같은 형태를 띠게 된다.

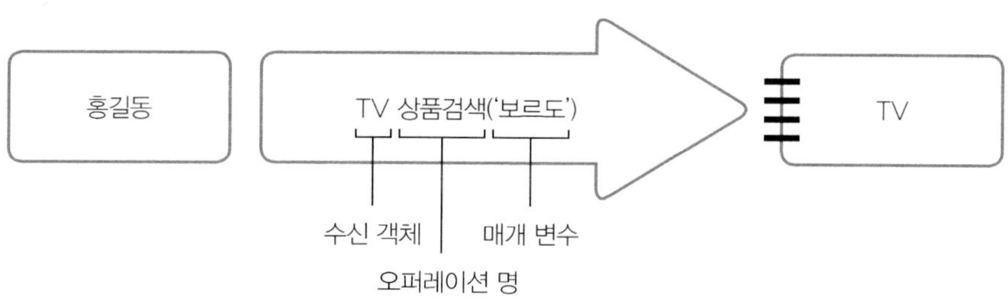

그림 6-2. 메시지 예제

[그림 6-2]에서 '상품검색'이라는 오퍼레이션은 TV 객체가 지니고 있는 오퍼레이션을 말한다. TV 객체는 '상품검색' 뿐만 아니라 '상품 등록', '상품 정보수정', '상품 삭제' 등과 같은 다른 오퍼레이션들도 갖을 수 있다. 만일 이 오퍼레이션들이 공개 인터페이스(public 함수)로 정의되어 있다면, '홍길동' 객체에서 TV 객체에 여러 메시지들을 보낼 수 있는 것이다. 이처럼 한 객체 속에 지니는 메시지들의 집합을 그 객체의 행위 또는 '프로토콜'이라고도 한다.

⊖ 객체지향 개념

메시지의 개념

1. 객체와 다른 객체를 접근하기 위한 장치이다.
2. 한 객체가 다른 객체에 서비스를 요청하기 위한 장치이다.
3. 객체.함수명(매개 변수) 형태로 구성된다.

⊕ UML

⊕ 자바

그림 6-3. 메시지의 개념

1.2 메시지의 특성

앞서 이미 설명한 바와 같이 객체지향 프로그램에서 주요 요소로는 객체들과 객체들 간의 메시지라고 볼 수 있다. 따라서 메시지는 객체지향 프로그램에서 없어서는 안될 필수 불가결한 요소이며, 메시지 없는 객체지향 프로그램이란 존재할 수 없는 것이다. 이런 의미에서 메시지는 다음과 같은 특성들을 지닌다.

⊖ 객체지향 개념

메시지의 특성

1. 메시지 수신의 대상은 객체 단위이다.
2. 메시지는 수신 객체가 갖는 공용 함수들에 해당한다.

⊕ UML

⊕ 자바

그림 6-4. 메시지의 특성

❶ 메시지 수신의 대상은 객체이다.

객체지향 프로그램에서 프로그램의 주체는 클래스가 아니라 객체이다. 프로그램 개발할 때는 클래스 단위로 프로그래밍을 하지만 프로그램을 실행할 때는 객체 단위로 돌아간다. 따라서 메시지 전달에 있어서 메시지를 받는 대상 또한 객체이다. 이는 결국 메시지 형태에서 오퍼레이션 명 앞에 수신 객체를 명시하게 되는 것이다. 물론 예외적으로 클래스 단위로 메시지를 보내는 형태도 존재할 수 있다. 이를 객체에게 보내는 메시지와 구별하기 위해 정적 메시지라고 하며, 객체에게 보내는 메시지를 동적 메시지라고 한다. 메시지 형태에서의 차이는 단지 객체명 대신에 클래스명을 쓴다.

❷ 메시지는 수신 객체가 갖는 공용 함수들에 해당한다.

송신 객체가 수신 객체에게 보내는 메시지는 수신 객체가 지니는 모든 함수들에 대한 것은 아니다. 송신 객체가 수신 객체에게 보낼 수 있는 메시지는 수신 객체가 외부에 공개한 함수들에 대해서만 가능하다. 따라서 메시지에 들어가는 오퍼레이션은 수신 객체가 갖는 공용 함수들에 해당한다. [그림 6-5]에 나타난 것처럼 '홍길동' 객체는 'TV' 객체의 모든 오퍼레이션들에 대해 메시지를 보낼 수 있는 것이 아니라 자신에게 공개된 함수들(예: 상품검색, 확대보기, 상세보기)에 대해서만 메시지를 보낼 수 있다.

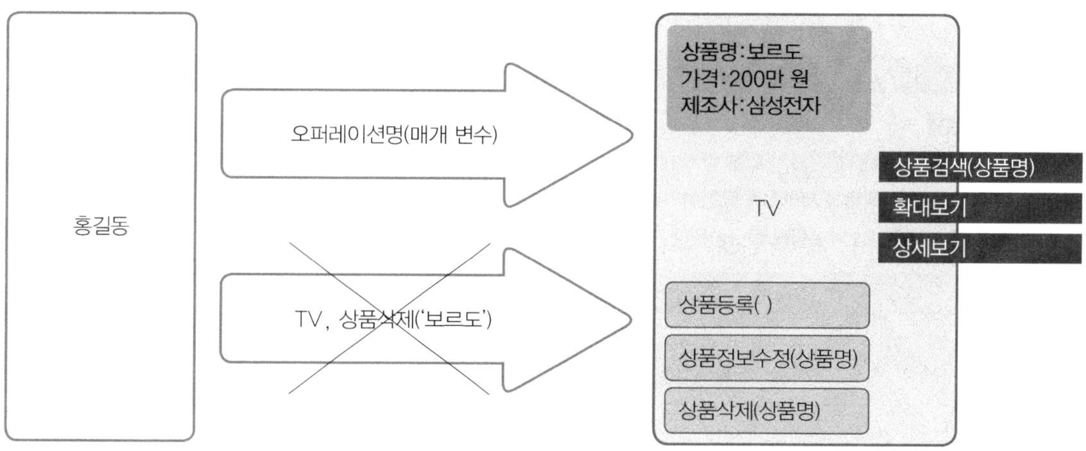

그림 6-5. 메시지 전송 예제

동기 메시지 호출은 송신객체가 수신객체에 요청한 함수가 완료할 때까지 기다리는 경우에 설계하며, [그림 6-10]과 같이 정의한다.

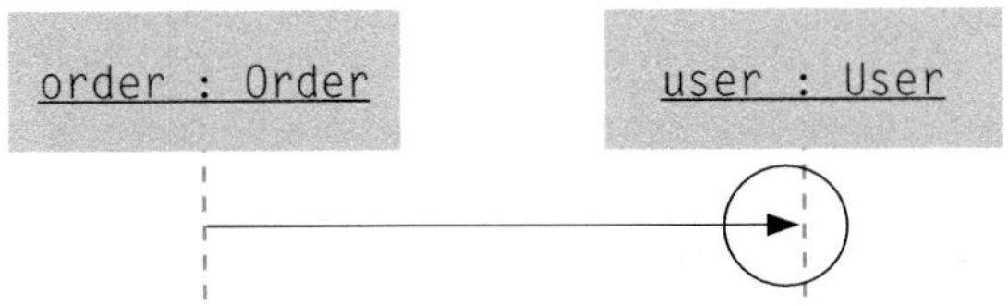

그림 6-10. 동기 메시지 호출 표기

비동기 메시지 호출은 송신객체가 수신객체에게 메시지를 보내고 다음 작업을 수행하며 수신객체로부터 반환을 기다리지 않는 경우에 설계한다. [그림 6-11]과 같이 정의한다.

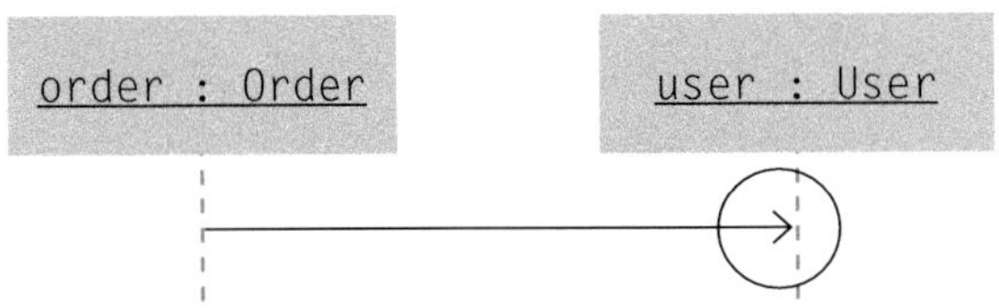

그림 6-11. 비동기 메시지 호출 표기

재귀 메시지 호출은 수신객체가 자신이 가지고 있는 함수를 호출하는 경우에 설계한다. [그림 6-12]와 같이 정의한다.

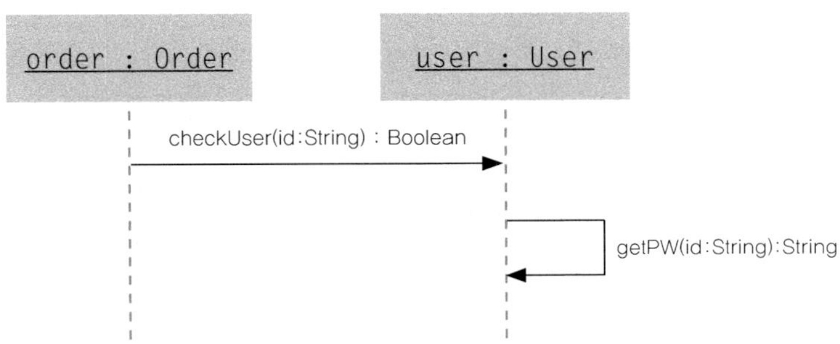

그림 6-12. 재귀 메시지 호출 표기

결과 반환

결과 반환은 호출된 함수에 대해 결과를 반환하는 경우에 설계하며 [그림 6-13]과 같이 점선 화살표로 정의한다.

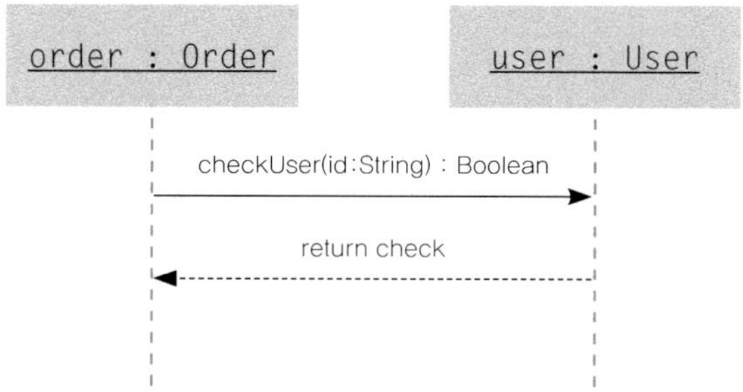

그림 6-13. 결과 반환 표기

반복

반복은 순차도의 combined fragment을 이용하며 'loop' 명령어를 사용하여 정의한다. [그림 6-14]와 같이 박스 형태로 상단에 'loop' 명령어를 사용하며 박스 내에는 반복 조건을 표시한다. 조건식은 '['와 ']' 사이에 정의한다. 반복하고자 하는 처리 로직은 박스 내에 설계한다.

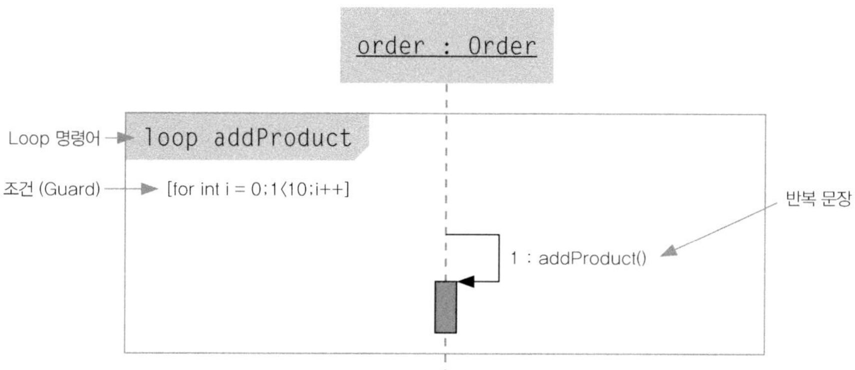

그림 6-14. 반복 표기

조건

조건은 순차도의 combined fragment을 이용하며 'alt' 명령어를 사용하여 정의한다. [그림 6-15]와 같이 박스 형태로 상단에 'alt' 명령어를 사용하며 박스 내에는 조건식을 표시한다. 다중 조건에 대해 여러 개의 블록을 정의한 후 각각의 블록에 조건식을 정의한다.

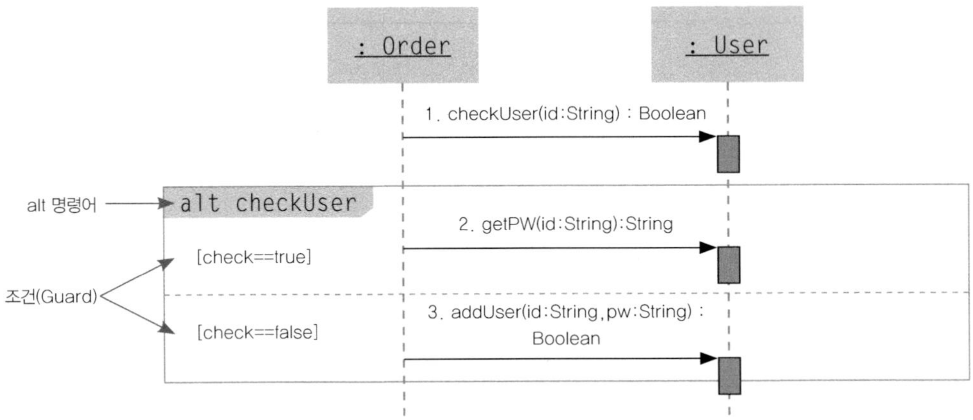

그림 6-15. 조건 표기

객체 생성

객체 생성은 일반 메시지에 스테레오 타입인 〈〈create〉〉로 정의한다.

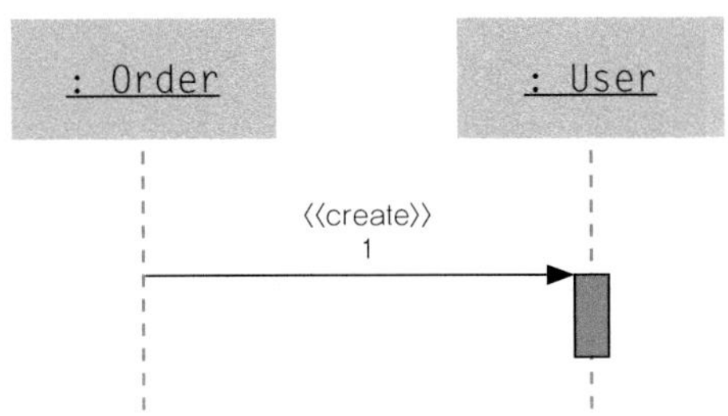

그림 6-16. 객체 생성 표기

객체 소멸

객체 소멸은 일반 메시지에 스테레오 타입인 〈〈destroy〉〉로 정의한다. [그림 6-17]에서와 같이 〈〈destroy〉〉를 정의하면 객체가 소멸됨을 나타내는 의미로 객체 생명선 아래에 X가 표시된다.

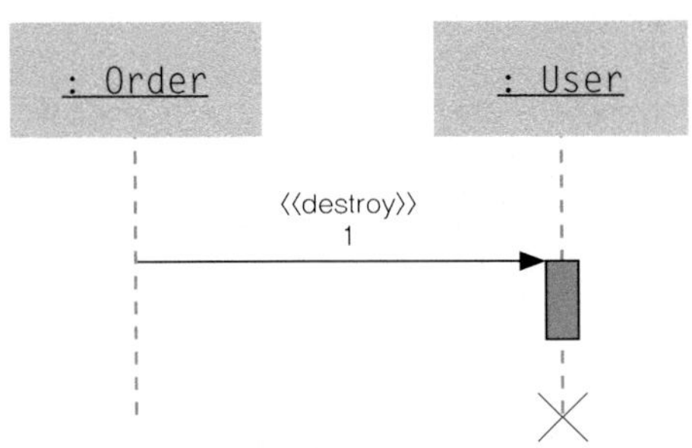

그림 6-17. 객체 소멸 표기

스테레오 타입 기반 객체 표기

객체 표기 시 스테레오 타입에 따라 다르게 표현될 수 있다. 객체에 정의될 수 있는 스테레오 타입은 〈〈boundary〉〉, 〈〈control〉〉, 〈〈entity〉〉가 있다. 〈〈boundary〉〉는 사용자 인터페이스와 시스템 간의 경계 역할을 하는 객체를 의미하며 〈〈control〉〉은 시스템 내의 로직을 나타내거나 흐름을 제어하는 객체를 의미한다. 〈〈entity〉〉는 시스템 내에서 데이터를 처리하는 역할을 하는 객체를 의미한다.

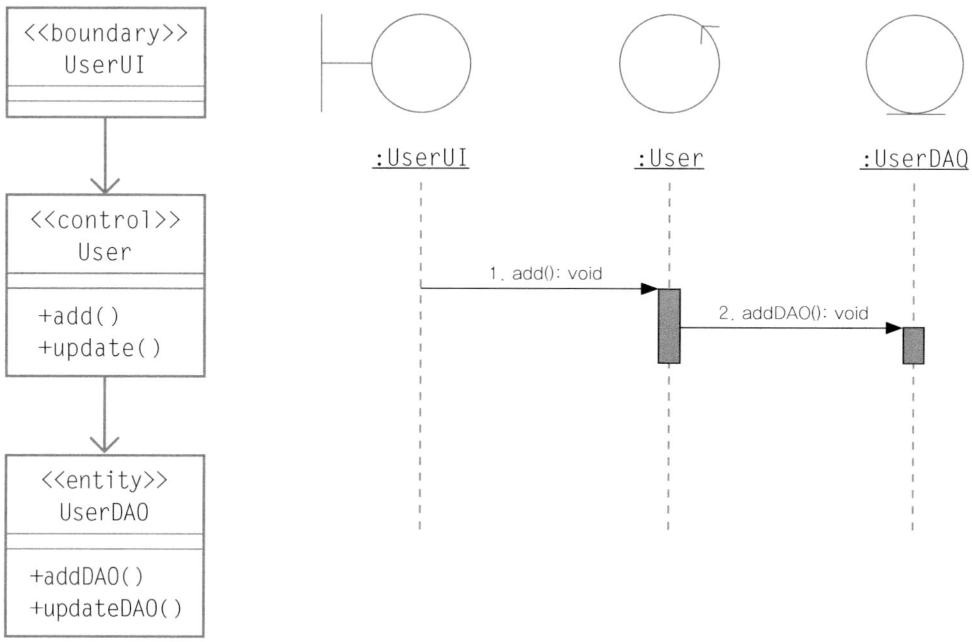

클래스 다이어그램 순차도

그림 6-18. 스테레오 타입 별 객체 표기

03 자바에서의 메시지

자바에서 객체의 메시지 구현은 객체 내에 포함된 함수 중에 공개된 함수를 전달하여 구현한다.

3.1 메시지 구현

자바에서 메시지 전달의 구현은 한 객체에서 다른 객체의 함수를 호출하는 것으로 '객체.함수(매개변수)' 형태로 구현한다.

객체지향 개념

메시지의 개념

1. 객체와 다른 객체를 접근하기 위한 장치이다.
2. 한 객체가 다른 객체에 서비스를 요청하기 위한 장치이다.
3. 객체.함수명(매개 변수) 형태로 구성된다.

UML

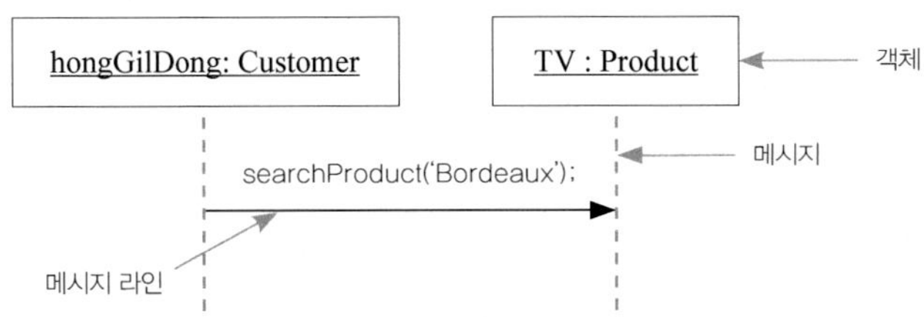

(가) 메시지 설계

자바

```
public class Customer  {
   …
   public Boolean interestProduct (String productName) {
      Product TV = new Product ();
      Boolean exist = TV.searchProduct(productName);   ← 메시지 전달
      return exist;
}
```

(나) 자바 클래스의 메시지 전달 코드

그림 6-19. 메시지 구현

[그림 6-7]의 (나)에서와 같이 'Customer' 클래스 내에서 'TV' 객체가 생성된 후 'TV' 객체 내의 함수인 'searchProdct()' 함수를 수행할 수 있도록 호출한다. 'interestProduct()' 함수는 'Customer' 클래스의 객체를 생성하여 외부에서 호출하는 경우 호출되는 함수로서 본 함수의 호출에 의해 'TV' 객체의 'searchProduct()' 함수가 호출될 수 있다.

참고

UML 2.0에서의 상호 작용도 변경사항

- UML 1.x에서의 협력 다이어그램의 명칭이 '커뮤니케이션 다이어그램(Communication Diagram)'으로 변경되었다.

- 생명선(Life Line) 변경

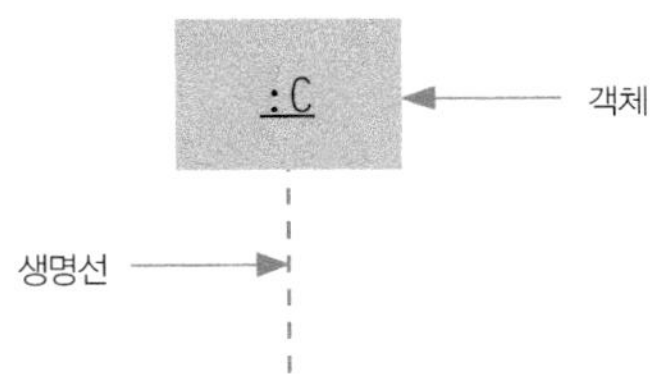

UML 1.X

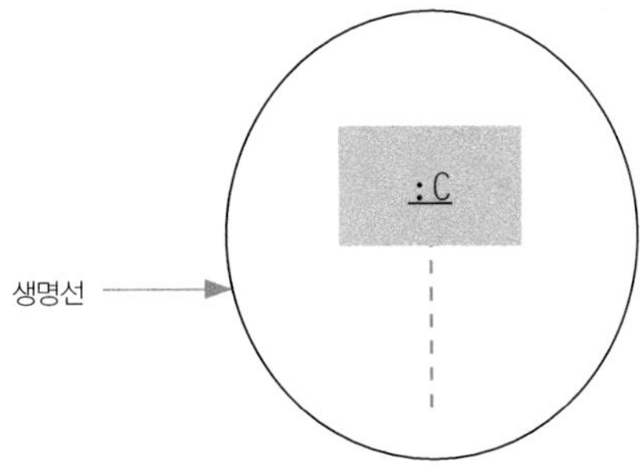

UML 2.0

- 객체 생성/소멸에 대한 표현 방법 변경

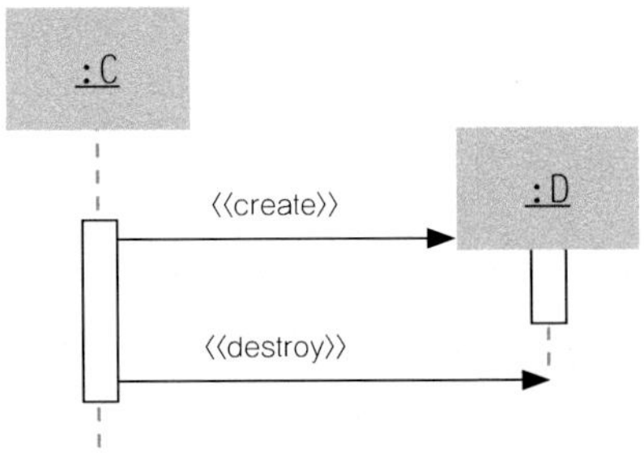

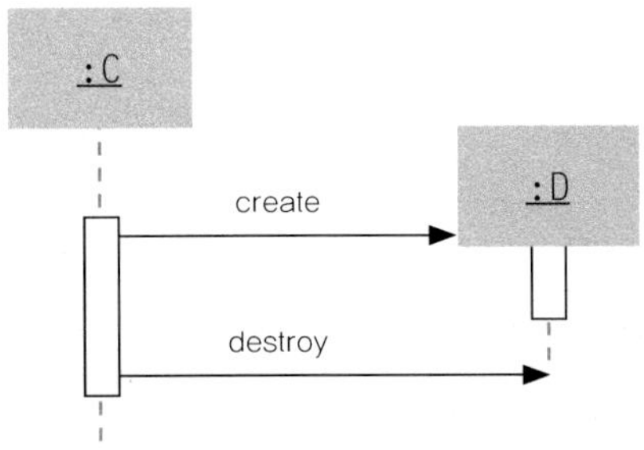

UML 2.0에서는 생성이나 소멸을 표시하는 스테레오 타입이 폐지되었으며, 메시지 표기 화살표도 파선으로 열린 화살표로 변경되었다.

이외에도 메시지 순서를 정확하게 표현하는 표기 방법 등 여러 변경사항들이 있다.

요약

❶ 메시지는 객체와 다른 객체를 접근하기 위한 장치이다.

❷ 메시지는 한 객체가 다른 객체에 서비스를 요청하기 위한 장치이다.

❸ 메시지는 객체.함수명(매개 변수) 형태로 구성된다.

❹ 메시지 수신의 대상은 객체 단위이다.

❺ 메시지는 수신 객체가 갖는 공용 함수들에 해당한다.

❻ 객체들 간의 메시지 전달에 대한 설계는 UML의 기능 흐름을 설계할 수 있는 상호작용 다이어그램(Interaction Diagram)을 이용하여 설계될 수 있다.

❼ 자바에서 객체의 메시지 구현은 객체 내에 포함된 함수 중에 공개된 함수를 전달하여 구현한다.

❽ 자바에서 메시지 전달의 구현은 한 객체에서 다른 객체의 함수를 호출하는 것으로 '객체.함수(매개 변수)' 형태로 구현한다.

연습 문제

1. 메시지 개념에 대해 정의하시오.

2. 메시지의 특징에 대해 설명하시오.

3. UML에서 메시지 표기법을 아래의 순차도(Sequence Diagram)에 표기하시오.
(호출하는 함수명은 TV 클래스의 "searchProduct('Bordeaux'):Boolean" 함수임)

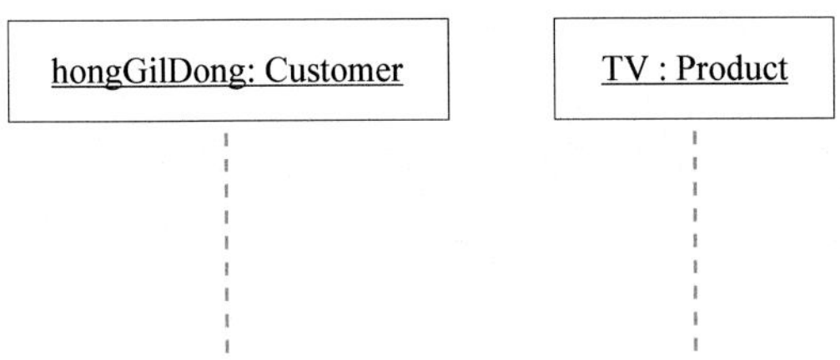

4. 자바 코드에서 메시지를 호출하는 코드를 정의하시오
(호출하는 함수명은 TV 클래스의 "searchProduct('Bordeaux'):Boolean" 함수임)

기초 실습

1. 다음의 요구사항을 기반으로 설계 및 구현하시오.

> 본 시스템을 통해 온라인 쇼핑몰 사용자 정보(사용자 ID, 사용자 암호, 사용자 성명, 사용자 전화번호, 사용자 주소)를 등록, 수정, 삭제, 조회할 수 있다.

1.1 사용사례 다이어그램(Use Case Diagram)을 설계하시오.

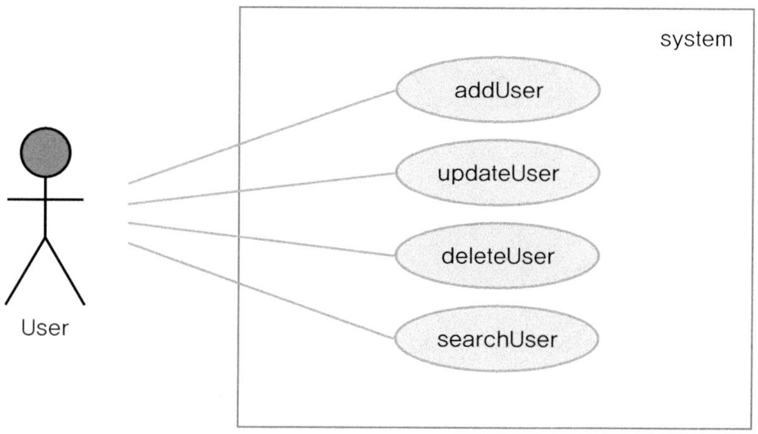

1.2 클래스 다이어그램(Class Diagram)을 설계하시오.

(〈〈boundary〉〉 클래스 ('사용자관리UI') 포함할 것)

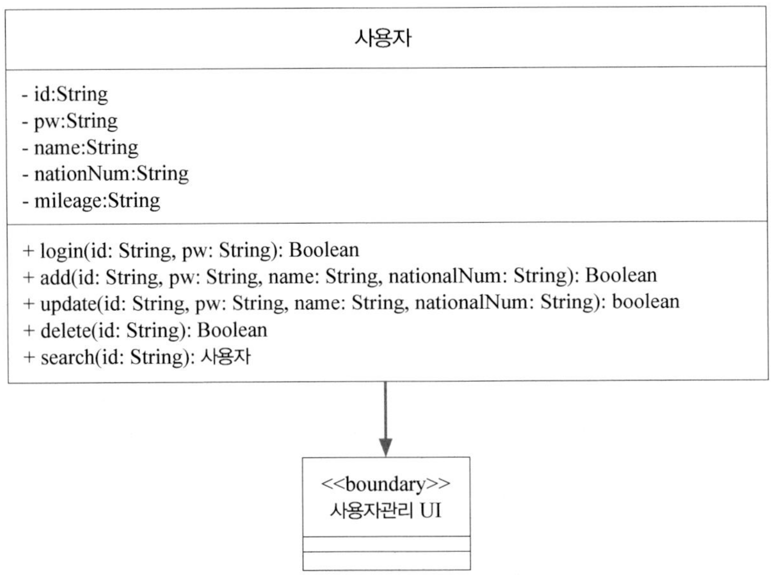

1.3 순차도(Sequence Diagram)을 설계하시오.
(<<boundary>> 객체 포함할 것)

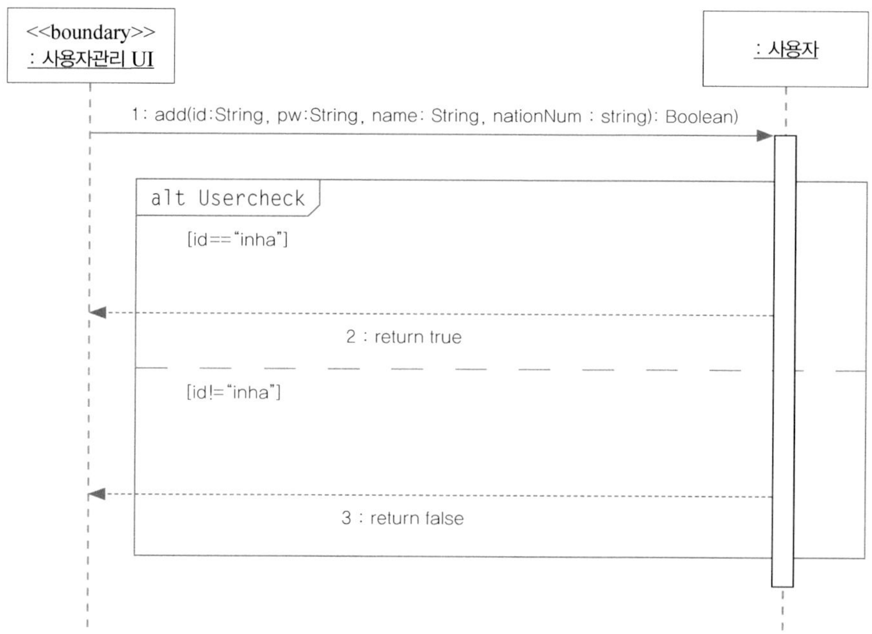

1.4 순차도(Sequence Diagram)을 기반으로 구현하시오.
(JSP의 액션태그인 useBean을 이용할 것)

```
public class User {
    public boolean add(String id, String pw, String name, String
nationNum)  {
        if( id.equals (“inha”) ) {
            return true;
        } else if ( ! id.equals( “inha”) ) {
            return false;
        }
}
```

응용 실습

1. 다음의 온라인 뱅킹 요구사항을 기반으로 설계 및 구현하시오.

> 본 시스템을 통해 온라인 뱅킹 사용자(사용자 ID, 사용자 암호, 사용자 성명, 사용 자 전화번호, 사용자 주소)를 등록,수정,삭제,조회할 수 있으며, 해당 사용자의 계좌 (계좌번호, 잔액)를 통해 입금, 출금, 이체, 잔액 계산을 할 수 있다.

1.1 사용사례 다이어그램(Use Case Diagram)을 설계하시오.

1.2 클래스 다이어그램(Class Diagram)을 설계하시오.
(《boundary》 클래스 ('BankUI') 포함할 것)

1.3 순차도(Sequence Diagram)를 설계하시오.
(《boundary》 객체 포함할 것)

1.4 순차도(Sequence Diagram)를 기반으로 구현하시오.
(JSP의 액션태그인 useBean을 이용할 것)

2. 다음의 성적처리 요구사항을 기반으로 설계 및 구현하시오.

> 교수는 학생의 자바, DB, 보안 과목의 성적을 등록한다. (학생 id 체크) 등록된 성적의 총점과 평균을 계산한다. 학생은 A, B, C 등급의 학점을 조회할 수 있다. (학생 id 체크)(A학점 : 90점이상, B학점 : 80점이상, C학점 : 70점이상, D학점: 70점 이하)

2.1 사용사례 다이어그램(Use Case Diagram)을 설계하시오.

2.2 클래스 다이어그램(Class Diagram)을 설계하시오.
(<<boundary>> 클래스 ('StudentUI', 'ProfessorUI') 포함할 것)

2.3 순차도(Sequence Diagram)를 설계하시오.
(<<boundary>> 객체 포함할 것)

2.4 순차도(Sequence Diagram)를 기반으로 구현하시오.
(JSP의 액션태그인 useBean을 이용할 것)

실습 문제

1. 아래의 요구사항을 참조하여 온라인 뱅킹 시스템의 '출금' 기능에 대한 순차도를 설계하시오.

- **온라인 뱅킹 시스템의 '출금' 요구 사항**

1. 출금(출금액 : 50,000원, 사용자 ID : 'hong') 요청한다.
2. 사용자 클래스의 사용자 정보를 조회한다.
   (사용자 정보가 True 인 경우에 진행)
3. 잔액을 확인한다.
   (잔액이 출금액 보다 많은 경우에 진행)
4. 잔액을 계산한다.
5. 출금한다.

2. 온라인 뱅킹 시스템의 '출금' 기능에 대한 자바 코드를 개발하시오.

Chapter

07

복합객체

학·습·목·표

복합객체에 대한 개념을 이해한다.

복합객체의 특성을 이해한다.

UML에서의 복합객체를 위한 메커니즘을 이해한다.

자바 언어에서의 복합객체 장치를 이해한다.

목·차

01 복합객체의 개념

이 절에서는 객체지향 핵심 개념 가운데 하나인 복합객체 개념에 대해 살펴보기로 한다.

1.1 복합객체의 정의

객체지향에서 객체란 단순히 데이터와 오퍼레이션만을 갖는 작은 단위뿐만 아니라 데이터 부분에 다른 객체를 갖을 수도 있다. 이와 같은 관계에 있을 때 이를 복합화(Composition) 혹은 복합(포함) 관계라고 한다. 객체지향에서 복합화란 한 객체가 다른 객체를 포함하는 것을 말한다. 이 복합화를 집단화(Aggregation)이라고도 한다. 이처럼 어떤 한 객체가 다른 객체를 포함할 때 이 객체를 복합객체라고 한다.

● 복합객체는 한 객체가 다른 객체를 포함하는 객체를 말한다.

객체가 또 다른 객체를 포함할 경우, 포함하는 객체를 전체객체(Whole Object)라고 하며, 포함되는 객체는 부분객체(Part Object)라고 한다. 포함관계의 대표적인 예로 자동차와 자동차 내의 부품들(엔진, 윈도우, 바퀴, 시트 등등) 간의 관계를 들 수 있다. [그림 7-1]에서 처럼 이러한 부품들이 없이는 자동차라는 객체가 만들어 질 수 없기 때문에, 자동차와 핸들, 자동차와 문, 자동차와 바퀴, 자동차와 변속기 간의 관계는 복합관계에 있다고 할 수 있다. 쇼핑몰의 경우 예를 들면, 주문과 결제 간의 관계가 복합 관계 혹은 포함관계에 있다고 할 수 있다. 이 경우에 있어서 결제가 복합객체가 되며 주문이 부분객체에 해당한다.

그림 7-1. 복합객체의 예

복합객체는 부분객체들이 존재해야만 객체로서 의미가 있다.

[그림7-1]에 나타난 것처럼 자동차 객체는 부분객체인 문, 핸들, 바퀴, 변속기 등과 같은 부분객체들이 모여서 만들어진 객체이다. 따라서 복합객체인 자동차는 이러한 부분객체들이 없으면 자동차로서의 제 기능을 다할 수 없게 된다. 이는 결국 의미있는 단위의 객체가 되지 못한다. 쇼핑몰의 경우를 보면, 주문과 결제, 주문과 배송과의 관계가 복합관계이다. 주문이 이루어지기 위해서는 결제와 배송이 함께 포함되어야 한다. 즉, 결제가 없거나 배송이 없는 주문은 무의미한 객체가 된다.

복합객체에 포함된 부분객체들은 복합객체에 종속적이다.

[그림7-1]에 나타난 것처럼 자동차 객체에 포함된 부분객체들은 서로 강한 의존관계에 있다. 이는 자동차 객체는 부분객체가 없이는 존재할 수 없으며, 부분객체 또한 자동차 객체에 포함되면 다른 객체에 포함될 수 없다. 즉, 타이어 객체는 특정 자동차 객체 하나에만 포함되는 것이다.

객체지향 개념

복합객체의 개념

1. 한 객체가 다른 객체를 포함하는 것을 말한다.
2. 복합객체는 포함하는 부분객체들이 없이는 의미있는 객체가 되지 못한다.
3. 복합객체에 포함되는 부분객체는 복합객체에 종속되어 있다.

UML

자바

그림 7-2. 복합객체의 개념

1.2 복합객체의 특성

객체지향에서 객체들 간의 관계는 여러 가지 다양한 형태로 존재할 수 있다. 대표적인 관계로 연관관계, 포함관계, 상속관계 등을 들수 있다. 여기서 말하는 복합객체는 포함관계로서 이러한 관계는 다음과 같은 상황들 속에서 형성된다.

객체지향 개념

복합객체의 특성

1. 객체가 선언되는 시점에서 발생한다.
2. 클래스의 객체 생성 함수 내에서 발생한다.
3. 실제 해당 객체를 사용하기 직전에 발생한다.

UML

자바

그림 7-3. 복합관계 형성 시점

❶ 객체가 선언되는 시점에서 발생한다.

객체가 선언되는 시점이란 전체객체 내의 데이터 부분에 부분객체가 정의되는 것을 말한다. 예를 들어, [그림 7-4]에서처럼 주문 객체의 데이터 부분에 주문 금액, 주문 수량, 주문일자 등과 같은 원시타입(Primitive Type)의 데이터뿐만 아니라 결제나 배송 클래스의 객체가 선언되는 것이다.

```
class Order {
    String orderId;
    int amount;
    String orderDate;
    Payment paymentType;
    Delivery delivery;
    …
    public void processOrder(){ … }
    public void computeTotalFee() { … }
    public void cancelOrder() { … }    …
}
```

그림 7-4. 객체 선언 시점에서의 복합 관계

❷ 클래스의 객체 생성함수 내에서 발생한다.

객체들 간의 복합 관계는 복합객체를 생성하는 객체 생성함수 내에서 부분객체가 함께 생성될 수 있다. 이 경우가 복합 관계에서 전체객체와 부분객체 사이의 의존도가 가장 강한 관계이다. 이 경우는 전체객체와 부분객체의 생명주기가 동일하기 때문에 의존도가 더 강하다라고 표현하고 있다. 생명주기가 동일하다는 것은 전체객체가 생성될 때 부분객체가 함께 생성되고, 전체객체가 소멸이 되면 부분객체도 함께 소멸되는 것이다. 이를 자바 코드로 표현하면 그림 [그림 7-5]와 같은 형태로 나타난다. 이 예제의 경우는 주문할 때 동시에 결제와 배송 객체를 함께 생성하는 것이다. 쇼핑몰의 경우, 주문과 동시에 결제와 배송 정보를 함께 입력받아서 처리할 수도 있고, 주문을 한 뒤 결제 그리고 난 후 배송 정보를 처리하는 경우도 있다. 이 경우는 전자에 해당한다고 볼 수 있다.

```
class Order {
    String orderId;
    int amount;
    String orderDate;
    …
    public Order(String orderId, int amount, ...){
        …
        Payment payment = new Payment();
        Delivery delivery = new Delivery();
    }
    public void processOrder(){ … }
    public void computeTotalFee() { … }
    public void cancelOrder() { … }    …
}
```

그림 7-5. 클래스 객체 생성함수 내에서의 복합 관계

UML에서는 이를 다른 복합관계와 구별하기 위해 복합화 또는 합성화(Composition)으로 정의하고, 다른 형태의 복합 관계는 집단화(Aggregation)으로 정의하고 있다.

❸ 실제 해당 객체를 사용하기 직전에 발생한다.

객체들 간의 복합관계는 복합관계가 필요한 시점에 부분 객체를 포함시킬 수 있다. 이는 복합객체 내의 함수들 가운데서 특정 함수를 수행할 때 해당 함수 내에서 부분객체를 생성하여 사용하는 경우이다. 이 경우는 [그림 7-6]에서처럼 다른 경우와 달리 전체객체 내의 특정 함수에만 부분객체가 참조되기 때문에 다른 경우보다 가장 의존도가 약하다고 볼 수 있다. 이 예제에서는 총금액을 계산하는 함수에서 결제 정보와 배송 정보가 필요하고 이를 통해 총금액을 계산해야 하기 때문에 computeTotalFee( ) 함수에서 결제 객체와 배송 객체를 생성하여 결재 및 배송 정보를 가져온다.

```
class Order {
   String orderId;
   int amount;
   String orderDate;
   …
   public void processOrder(){ … }
   public void computeTotalFee() {
      Payment payment = new Payment();
      Delivery delivery = new Delivery();
      payment.getPaymentInfo();
      delivery.getDeliveryInfo();
      …
   }
   public void cancelOrder() { … }
   …
}
```

그림 7-6. 특정 함수 내에서의 복합 관계

02 UML에서의 복합객체

복합객체의 설계는 한 객체가 다른 객체를 포함하는 구조를 설계하는 것으로, 클래스 다이어그램의 집단화(Aggregation)나 합성화(Composition) 표기를 이용한다.

2.1 복합객체 표기법

[그림 7-7]에서와 같이 복합객체는 복합관계 표기를 이용하여 부분객체를 포함함을 설계하며 2개 이상의 부품객체를 포함하여 정의할 수 있다. 'Order' 객체는 'Payment' 객체와 'Delivery' 객체를 포함하여 주문 처리를 위한 복합객체를 구성한다. 본 복합관계 표기는 집단화(Aggregation)의 표기이며 앞에서 설명한 것과 같이 복합객체와 부분객체의 생명주기가 서로 다를 수 있는 복합관계이다.

객체지향 개념

복합객체의 개념

1. 한 객체가 다른 객체를 포함하는 것을 말한다.
2. 복합객체는 포함하는 부분 객체들이 없이는 의미있는 객체가 되지 못한다.
3. 복합객체에 포함되는 부분 객체는 복합객체에 종속되어 있다.

UML

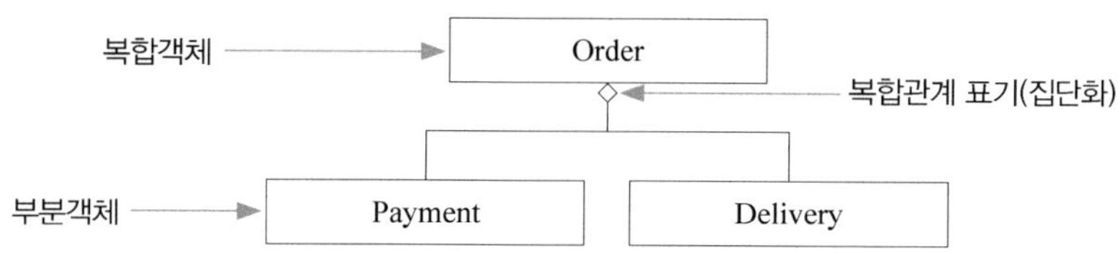

(가) 복합객체 설계

자바

그림 7-7. 복합객체 표기

복합객체를 구성할 수 있는 합성화는 [그림 7-8]과 같이 표기하며 집단화와 다르게 복합객체와 부분객체의 생명주기가 동일하다. 즉, 부분객체는 복합객체에 종속되기 때문에 부분객체는 복합객체의 생명주기를 따른다.

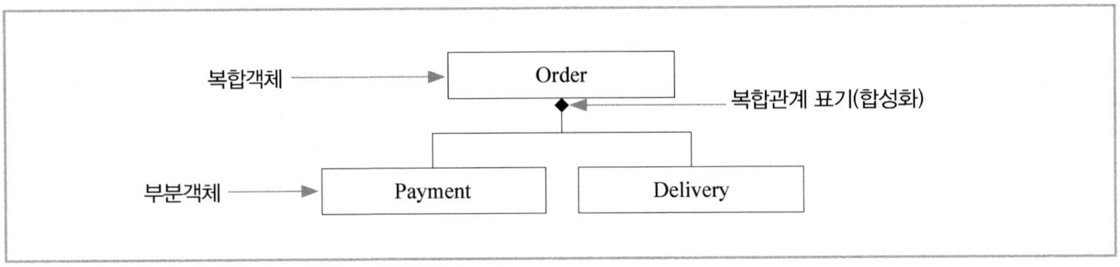

그림 7-8. 복합객체의 합성화 표기

03 자바에서의 복합객체

복합객체의 자바 구현은 한 객체 내에 다른 객체를 멤버 데이터를 선언하여 구현한다.

3.1 복합객체 구현

[그림 7-9]에서와 같이 'Order' 복합객체는 'Payment'와 'Delivery' 부분객체를 멤버 데이터로 선언하여 'Order' 객체 내의 함수들에서 주문 처리를 위해서 이용한다. 부분객체들이 복합객체들에 포함되어 있기 때문에 'Payment' 와 'Delivery' 객체들은 'Order' 객체 내부에서 이용될 수 있지만, 부분객체 내에서 복합객체의 기능을 사용하지 않는다.

객체지향 개념

복합객체의 개념

1. 한 객체가 다른 객체를 포함하는 것을 말한다.
2. 복합객체는 포함하는 부분 객체들이 없이는 의미있는 객체가 되지 못한다.
3. 복합객체에 포함되는 부분 객체는 복합객체에 종속되어 있다.

UML

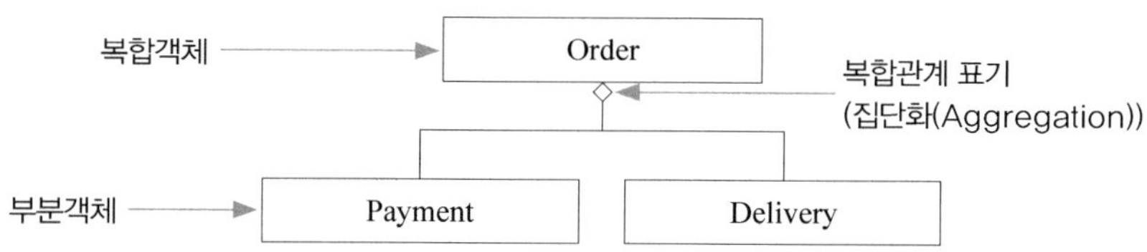

(가) 복합객체 설계

자바

```
public class Order  {
    String      orderId;
    Payment   paymentType;
    Delivery   delivery;
    …
    public void processOrder() { … }
}
```

복합객체 (← public class Order)

부분객체 (← Payment paymentType; Delivery delivery;)

(나) 복합객체 구현

그림 7-9. 복합객체 구현

합성화에 대한 구현은 복합객체와 부분객체가 동일 생명주기를 갖도록 하기 위해 [그림 7-10]과 같이 'Order' 복합객체가 생성될 때 'Payment' 와 'Delivery' 부분객체가 생성되며, 'Order' 객체가 소멸될 때 부분객체도 모두 소멸된다.

```
public class Order  {
   String      orderId;
   …
   public void Order() {
      …
      Payment     paymentType = new Payment();
      Delivery    delivery    = new Delivery();
      …
   }
}
```

복합객체

부분객체 (합성화 관계)

그림 7-10. 복합객체의 합성화 구현

참고

UML에서의 연관화, 집단화, 합성화의 자바 구현 변환 사례 예제

- **UML의 연관화(Association)에 대한 자바 코드**

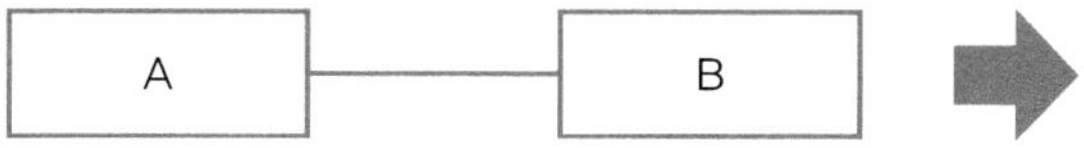


```
public class A {
  public fun1(B b) { . . .}
}
```

- **UML의 집단화(Aggregation)에 대한 자바 코드**

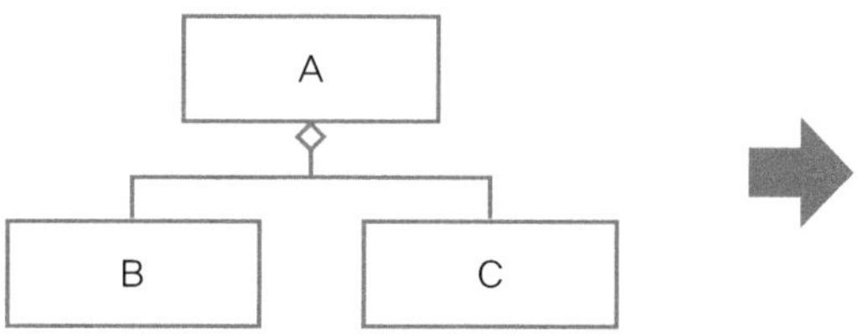


```
public class A {
  public B b;
  public C c;
}
```

- **UML의 합성화(Composition)에 대한 자바 코드**

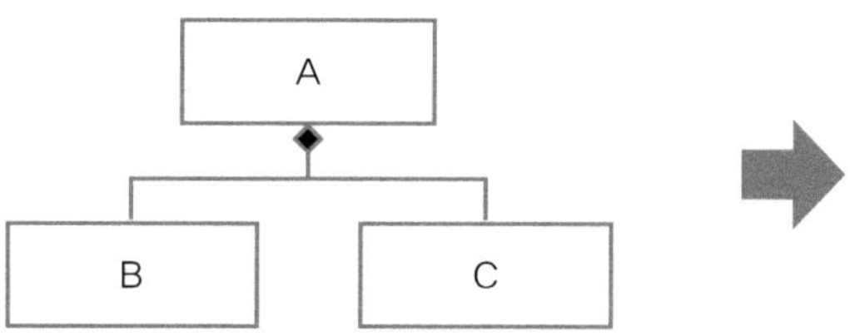


```
public class A {
  class B { . . .}
  class C { . . .}
}
```

요약

❶ 복합객체는 한 객체가 다른 객체를 포함하는 객체를 말한다.

❷ 복합객체는 포함하는 부분객체들이 없이는 의미있는 객체가 되지 못한다.

❸ 복합객체에 포함되는 부분객체는 복합객체에 종속되어 있다.

❹ 객체들 간의 복합관계는 첫째, 객체가 선언되는 시점에서 발생한다.

❺ 객체들 간의 복합관계는 둘째, 클래스의 객체 생성 함수 내에서 발생한다.

❻ 객체들 간의 복합관계는 셋째, 실제 해당 객체를 사용하기 직전에 발생한다.

❼ 복합객체 개념은 UML에서는 집단화(Aggregation)와 합성화(Composition)으로 구분된다.

❽ 합성화(Composition)은 전체객체(Whole Object)와 부분객체(Part Object)의 생명주기가 동일하지만, 집단화는 서로 다를 수 있다.

연습 문제

1. 복합객체의 개념에 대해 정의하시오.

2. 복합객체의 특징에 대해 설명하시오.

3. UML로 복합객체를 표기하시오.
(복합객체는 "Order", 부품객체는 "Payment"와 "Delivery" 임)

4. 위의 복합객체 UML 표기를 자바의 코드로 정의하시오.

기초 실습

1. 다음의 요구사항을 기반으로 복합객체를 설계하시오.

> 온라인 쇼핑몰은 사용자 정보(사용자 ID, 사용자 암호, 사용자 성명, 사용자 전화번호, 사용자 주소)와 상품 정보(상품ID, 상품명, 제조회사, 가격)로 구성된다.

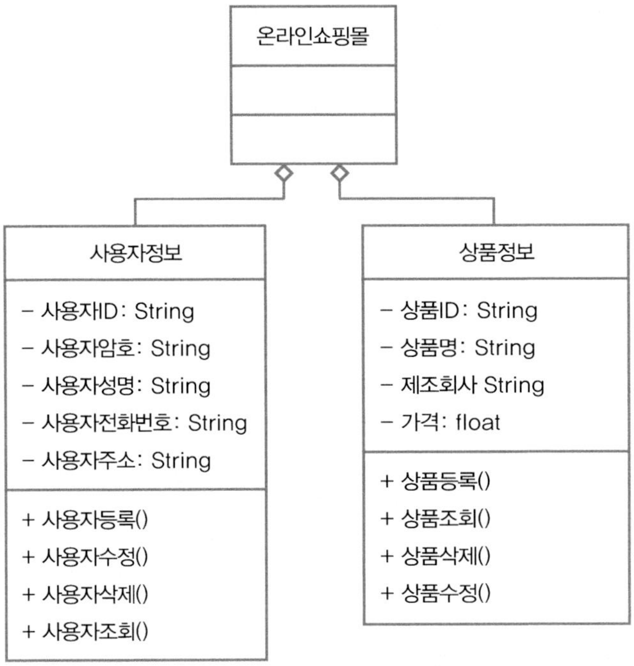

응용 실습

1. 다음은 온라인 뱅킹 시스템 요구사항이다.

> 온라인 뱅킹 시스템의 사용자 클래스와 계좌 클래스를 이용하여 ATM(Automated Teller Machine)을 복합객체로 정의하시오. ATM 복합객체를 이용하여 사용자 등록, 입금, 출금, 이체 기능을 제공하시오. (사용자 등록, 입금, 출금, 이체만 공개함)

1.1 위 요구사항을 기반으로 유스케이스 다이어그램을 설계하시오.

1.2 클래스 다이어그램을 설계하시오.

1.3 순차도를 설계하시오.

1.4 자바 코드를 구현하시오(ATM / User / Account 클래스).

실습 문제

1. 온라인 뱅킹 시스템의 클래스 설계에서 ATM(Automated Teller Machine) 클래스를 복합객체로 정의하시오(2장 클래스 다이어그램 참조).

- **ATM 클래스 요구 사항**

– 사용자 클래스와 계좌 클래스로 구성

2. 온라인 뱅킹 시스템의 복합객체인 'ATM' 클래스에 대한 자바 코드를 정의하시오.

Chapter 08

상속

학・습・목・표

상속에 대한 개념을 이해한다.

상속의 특성을 이해한다.

UML에서의 상속을 위한 메커니즘을 이해한다.

자바 언어에서의 상속 장치를 이해한다.

목・차

01 상속의 개념

이 절에서는 객체지향 핵심 개념 가운데 하나인 상속에 대해 살펴보기로 한다.

1.1 상속의 정의

객체지향 기술이 소개되면서 가장 큰 특징 가운데 하나가 재사용성의 향상이다. 어떻게 보면 객체지향 기술이 도입되게 된 이유이기도 하다. 객체지향에서 이러한 재사용성을 향상시키기 위해 등장한 개념이 상속(Inheritance)이다.

● 상속은 데이터나 함수의 재사용을 위한 장치이다.

상속은 동일한 데이터나 함수의 중복 정의를 피하고 공통된 데이터나 함수를 한 곳에 정의하여 재사용하자는 개념이다. 즉, 현존하는 클래스들로부터 공통된 속성과 함수들을 추출하여 이들을 갖는 새로운 클래스를 정의할 수 있도록 하는 기법이다. 이 경우를 bottom-up 방식에 의한 상속이라 하며, 일반화(Generalization)라고도 한다. 또한 반대로 특정 클래스로부터 세부적인 여러 형태의 클래스들로 분류하여 상속을 표현할 수도 있다. 이 경우는 top-down에 의한 상속이라 하며, 이를 특수화(Specialization)이라고도 한다. 둘다 상속을 지칭하는 것으로서 상속 관계를 표현하는 접근 방식의 차이만 있을 뿐이다. 이처럼 상속 또한 클래스와 클래스 간의 관계이다.

상속에서 공통된 데이터나 함수가 정의된 클래스를 수퍼 클래스(베이스 클래스, 부모 클래스)라 하고, 이러한 공통된 내용들을 그대로 재사용하면서 각자에 한정적인 데이터나 함수들을 갖고 있는 클래스를 서브 클래스(파생 클래스, 자식 클래스)라 한다.

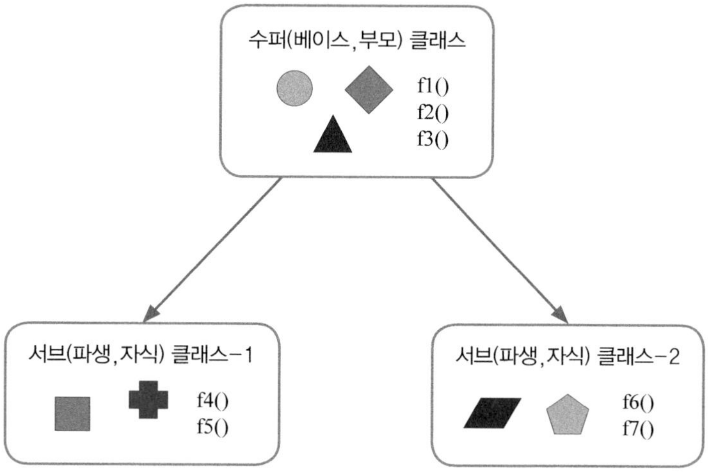

그림 8-1. 상속의 의미

[그림 8-1]에서처럼 수퍼 클래스에 데이터 3개(원, 삼각형, 마름모)와 함수 3개(f1, f2, f3)가 정의되어 있다. 여기에 정의되어 있는 데이터와 함수들은 서브 클래스-1과 서브 클래스-2에 공통된 데이터와 함수들이다. 따라서 이들은 서브 클래스들에서 그대로 재사용할 수 있는 데이터와 함수들이 된다. 자식 클래스-1과 자식 클래스-2에 정의되어 있는 데이터와 함수들은 각자 자신의 클래스에 한정된 데이터와 함수들이다. 결국 자식 클래스-1이 갖는 데이터는 5개(원, 삼각형, 마름모, 사각형, 십자형)와 함수 5개(f1, f2, f3, f4, f5)가 된다. 자식 클래스-1에 정의된 데이터는 2개이고 함수는 2개이지만, 상속으로 인해 수퍼 클래스에 정의된 데이터와 함수들을 중복 정의하지 않고 그대로 재사용할 수 있기 때문이다.

상속은 Is-A 관계이다.

상속을 Is-A 관계라고도 한다. 여기서 말하는 Is-A 관계는 "서브 클래스 is a 수퍼 클래스" 즉, "서브 클래스이면 수퍼 클래스이다(서브 클래스 = 수퍼 클래스)"라는 의미를 나타낸다. 그러나 이와 반대로 "수퍼 클래스 is a 서브 클래스"의 관계는 해당하지 않는다. 예를 들어 설명하면, [그림 8-2]에서처럼 "인간이면 포유류이다"는 성립하지만, "포유류이면 인간이다"는 성립하지 않는 것이다. 따라서 상속에서의 is-a 관계는 서브에서 수퍼 클래스를 향한 관계이다.

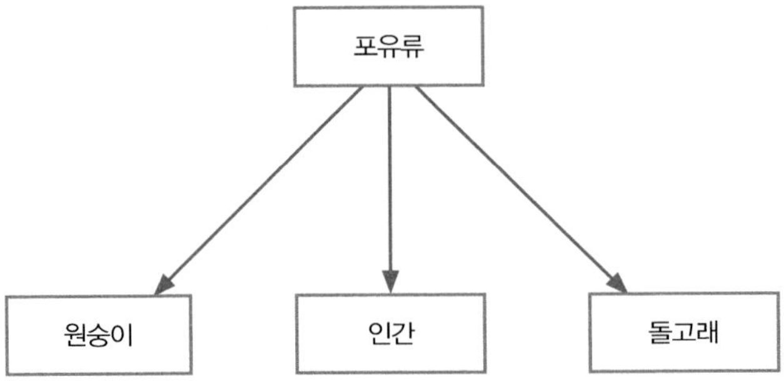

그림 8-2. Is-A 관계의 예

이러한 is-a 관계를 Java와 같은 객체지향 프로그래밍 언어에서는 "upcasting"이라는 메커니즘으로 표현한다. 이 upcasting 메커니즘을 통해 상속에서 제공하는 재사용성 이외에 "대체성(Substitutability)"이라는 특징을 제공한다. 대체성이란, 상속 관계에서 수퍼 클래스의 객체 대신에 서브 클래스의 객체가 대신 대체되어 사용될 수 있다는 것이다.

[그림 8-3]에 나타난 것처럼 '결제(Payment)'라는 수퍼 클래스의 객체가 사용될 자리에 수퍼 클래스의 객체 대신에 서브 클래스인 CreditCard, Cash, Point 등의 객체들이 대신 사용할 수 있다는 것이다.

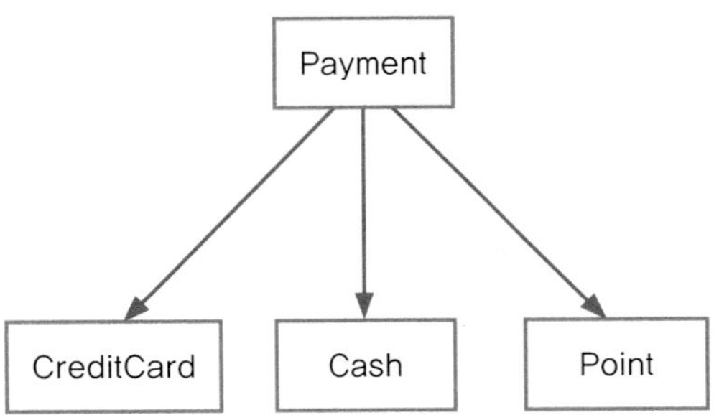


```
class Payment {
   ….
   public void processPayment(Payment p) {
       p.pay();
   }
class CreditCard extends Payment{
   String cardNum;
   String expireDate;
   …
   public void pay( ) {
   … // 신용카드 결제 로직
   }
}
class Cash extends Payment{
   String account;
   String bankName;
   …
   public void pay( ) {
   … // 현금이체
   }
}
class Point extends Payment{
   int point;
   …
   public void pay() {
   … // 포인트 결제
   }
}
```

그림 8-3. upcasting의 예

● 다중 상속은 수퍼 클래스가 둘 이상 존재하는 것이다.

상속 관계에서는 수퍼 클래스가 하나가 아닌 둘 이상 존재 가능하다. 이러한 경우를 다중 상속이라 한다. 다중 상속의 경우는 수퍼 클래스가 복수개 있기 때문에 상속받는 데이터나 함수의 개수가 더 많게 된다. 그러나 다중 상속을 사용하는 경우에 있어서 문제점이 발생할 수 있다. 그것은 바로 '이름 충돌(Naming Confliction)'이다.

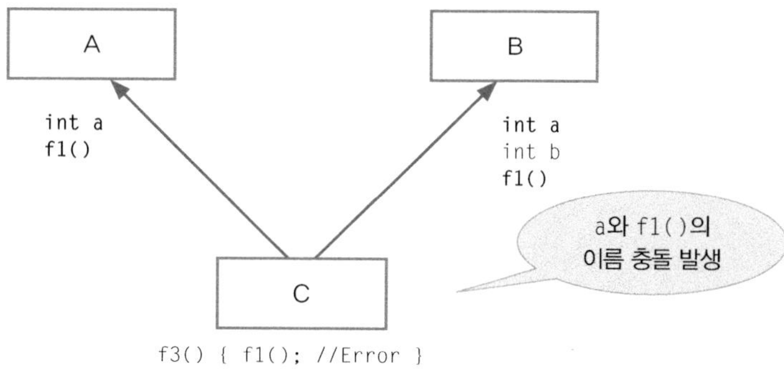

(a) 다중 상속의 문제점

```
class A {
   int a;
public:
   void f1() {…};}
class B{
   int a,b;
public:
   void f2() {…};
}
class C:A,B{
public:
   void f3() { A::f1(); }
}
```

(b) C++에서의 해결방안

```
class A {
   int a;
   public void f1(){…};
}
interface B{
   public void f1();
}
class C extends A implements B{
   public void f3() { super.f1();}
           // 수퍼 클래스 A의 f1()을 상속받음
   public void f1() { … }
           // interface B의 f1()을 구현함
}
```

(c) Java 에서의 해결방안

그림 8-4. 다중 상속의 문제점과 해결 방안

[그림 8-4]에서처럼 상속받는 수퍼(부모)클래스 내에 동일한 이름의 데이터나 함수가 존재할 경우, 상속받는 서브(자식) 클래스에서는 양쪽에서 모두 상속을 받기 때문에 해당 데이터나 함수를 사용할 경우 어느 부모 클래스의 데이터 혹은 함수인지 충돌이 발생한다. 이를 피하기 위해서 Java 언어에서는 클래스 간의 다중 상속은 허용하고 있지 않고 있으며, 우회적으로 다중 상속을 실현하기 위해 상속은 하나의 수퍼 클래스로 받고, 다른 하나는 인터페이스를 구현하는 형태를 취하고 있다.

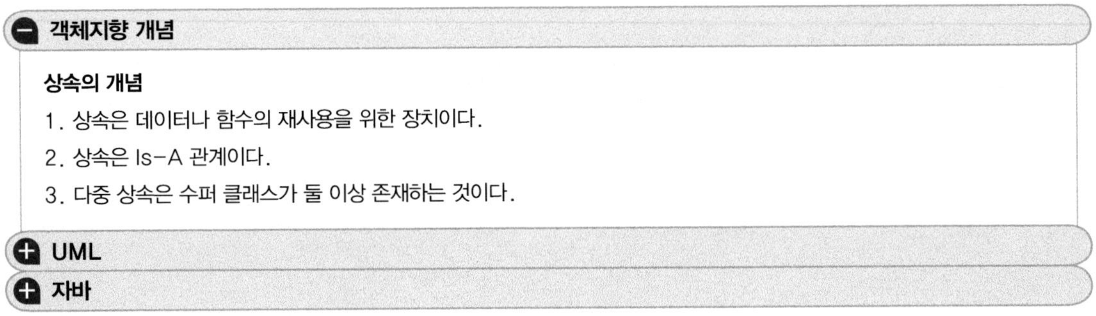

그림 8-5. 상속의 개념

1.2 상속의 특성

객체지향에서 상속은 다음과 같이 여러 가지 특성들을 제공하고 있다.

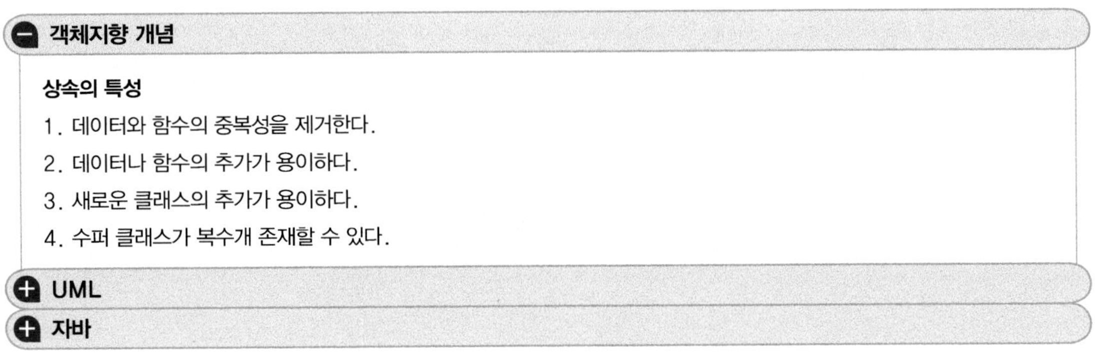

그림 8-6. 복합 관계 형성 시점

❶ 데이터와 함수의 중복성을 제거한다.

클래스들 간의 관계가 상속 관계에 놓여 있으면, 이러한 클래스들 사이에는 중복된 데이터나 함수들이 존재하지 않게 된다. 물론 예외적으로 서브 클래스에서 수퍼 클래스의 데이터나 함수를 상속받지 않고 재정의 할 수도 있다. 그러나 일반적으로는 수퍼 클래스에 정의된 데이터나 함수를 서브 클래스에서 정의하지 않아도 그대로 재사용할 수 있기 때문에 기존의 절차적 프로그래밍 기법에 비해 중복성이 많이 감소된다.

❷ 데이터나 함수의 추가가 용이하다.

상속 관계에 있는 서브 클래스는 수퍼 클래스의 데이터와 함수를 상속받는다는 측면에서는 수퍼 클래스에 의존적이만, 서브 클래스 자체로서 독립적인 단위이기 때문에 서브 클래스에 데이터나 함수를 새롭게 추가하는 것이 쉽게 이루어질 수 있다. 서브 클래스에 데이터나 함수를 추가하는 것이 상속받는 수퍼 클래스에 영향을 주지 않는다는 뜻이다. 예를 들어 '상품' 클래스의 하위 클래스인 TV나 오디오, 오븐 등에서는 필요한 데이터나 함수를 자유롭게 추가 정의할 수 있다.

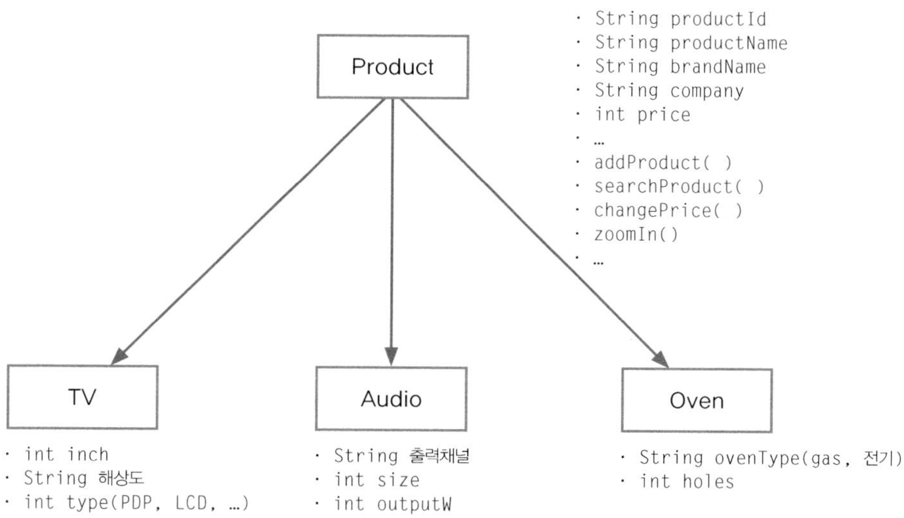

그림 8-7. 클래스 객체 생성함수 내에서의 복합 관계

❸ 새로운 클래스의 추가가 용이하다.

상속 관계는 계층 구조로 형성되어 있기 때문에 새로운 하위 클래스의 추가가 용이하다. 그리고 추가되는 클래스는 자신의 수퍼 클래스 개수만큼 해당 클래스에 정의된 데이터나 함수를 상속받는다. 예를 들어 [그림 8-7]에서 Product 클래스 밑에 새로운 하위 클래스 '냉장고'나 '선풍기' 등을 쉽게 추가할 수 있다. 이렇게 추가되는 다른 클래스들처럼 동일하게 수퍼클래스인 Product 클래스의 데이터와 함수를 상속받게 된다.

02 UML에서의 상속

상속 관계에 대한 설계는 한 객체가 다른 객체들에게 재사용되기 위한 구조를 설계하는 것으로, 클래스 다이어그램의 상속관계 표기를 이용한다.

2.1 상속 표기법

[그림 8-8]에서와 같이 'Cash', 'CreditCard', 'Point' 클래스는 주문 지불을 위한 클래스들로서 모두 지불이라는 기능이 필요하다. 따라서 'Payment' 클래스의 'pay()' 함수를 공통적으로 재사용할 수 있도록 상속 관계를 설계할 수 있다. 'pay()' 함수에 대해서는 상속받은 서브 클래스에서 다른 로직으로 설계하여 대체할 수 있다.

객체지향 개념

상속의 개념

1. 상속은 데이터나 함수의 재사용을 위한 장치이다.
2. 상속은 Is-A 관계이다.
3. 다중 상속은 수퍼 클래스가 둘 이상 존재하는 것이다.

UML

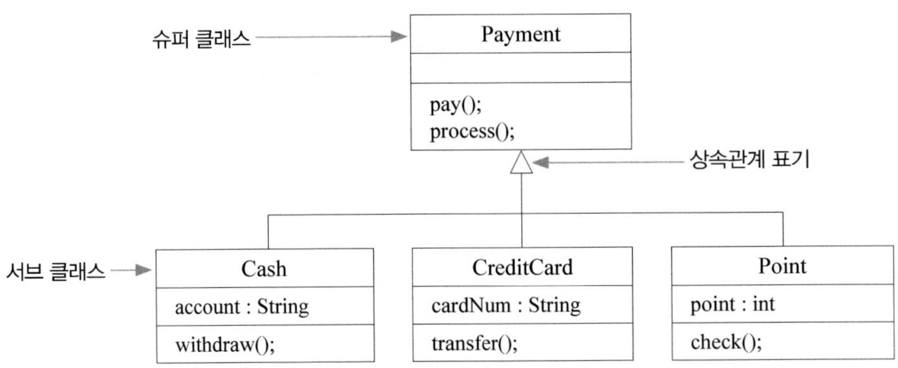

(가) 상속 설계

자바

그림 8-8. 상속관계 표기

다중 상속관계에 대한 설계는 [그림 8-9]와 같이 하나의 서브 클래스가 둘 이사의 슈퍼 클래스로부터 데이터와 함수를 재사용하기 위해 설계하기 위한 것으로, 'Cash' 클래스는 'Payment' 클래스와 'Bank' 클래스의 기능을 재사용하기 위해 다중 상속관계로 설계할 수 있다.

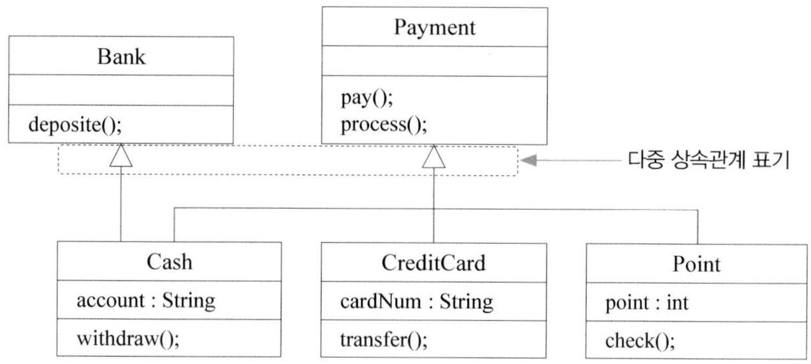

그림 8-9. 다중 상속관계 표기

자바언어에서는 다중 상속이 되지 않기 때문에 UML을 통해 자바언어에 종속적인 다중상속을 설계할 경우, [그림 8-10]과 같이 'Payment' 클래스는 상속을 받을 수 있지만 추가로 'Bank' 클래스를 상속받을 수 없다. 따라서 'Bank' 클래스에 대해 인터페이스를 정의하여 'Bank' 클래스를 'Cash' 클래스가 접근할 수 있도록 다중상속의 관계를 설계할 수 있다.

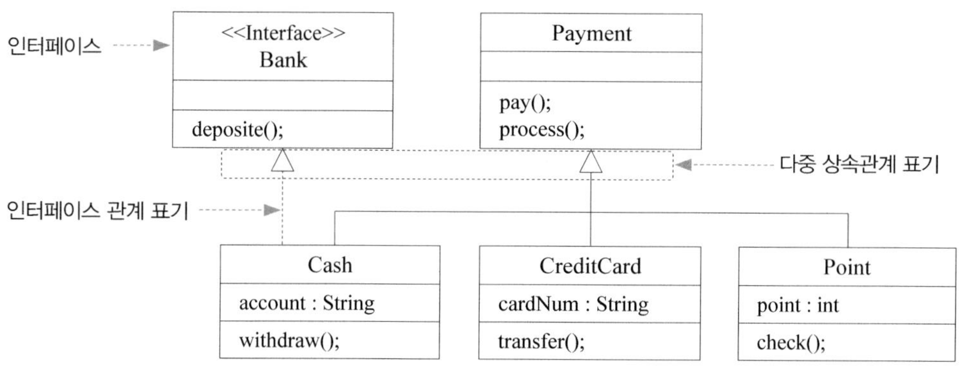

그림 8-10. 다중 상속관계(인터페이스) 표기

03 자바에서의 상속

상속의 자바 구현은 기존 클래스의 데이터와 함수를 재사용하는 것이므로 상속관계만을 선언하여 구현한다.

3.1 상속의 구현

상속관계에 대한 자바 구현은 [그림 8-11]에서와 같이 'extends' 예약어를 사용하여 'Payment' 클래스의 데이터와 함수를 서브 클래스들에서 상속 받는다. 서브 클래스들은 'Payment' 슈퍼 클래스가 가지고 있는 'pay()' 함수나 'process()' 함수를 상속받거나, 서브 클래스 내에서 다른 로직으로 교체하여 구현할 수 있다. 이러한 개념을 오버라이딩(Overriding)이라고 한다.

객체지향 개념

상속의 개념

1. 상속은 데이터나 함수의 재사용을 위한 장치이다.
2. 상속은 Is-A 관계이다.
3. 다중 상속은 수퍼 클래스가 둘 이상 존재하는 것이다.

UML

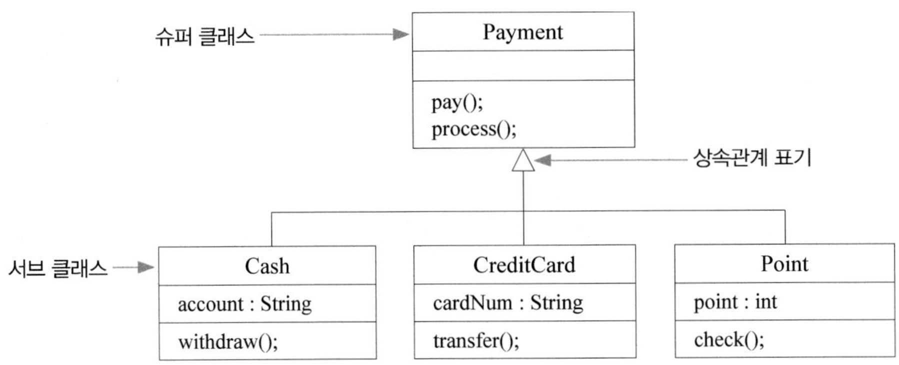

(가) 상속 설계

자바

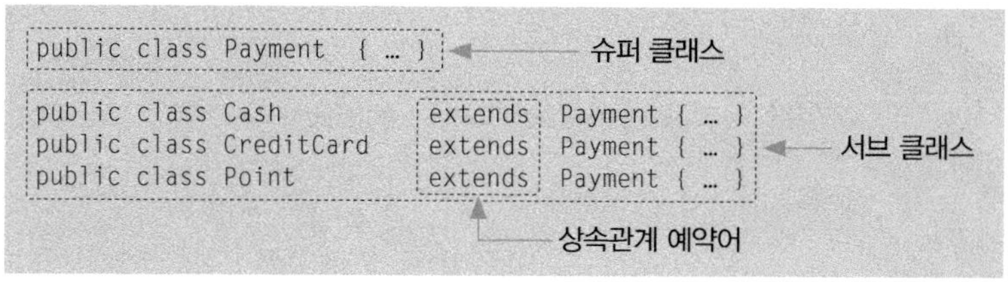

(나) 상속 구현

그림 8-11. 상속관계 표기

다중 상속관계에 대한 구현은 [그림 8-12]와 같이 자바 언어에서는 1개 이상의 클래스로부터 상속을 받을 수 없기 때문에 'Cash' 클래스는 'Payment' 클래스로부터 상속('extends')을 받고 'Bank' 클래스의 인터페이스를 구현하여 'Bank' 클래스를 접근하는 방식으로 구현하여 다중 상속을 구현할 수 있다.

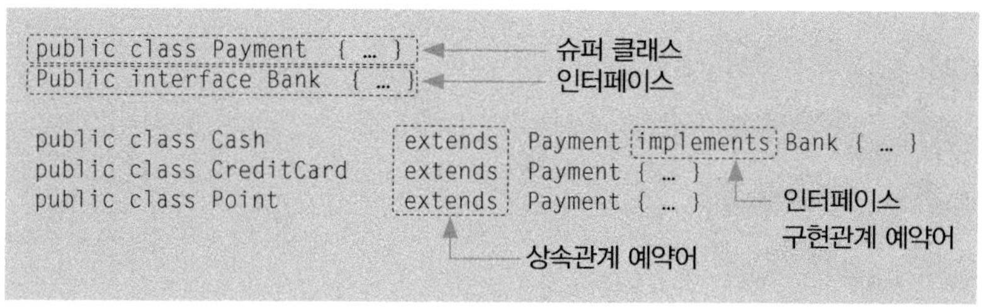

그림 8-12. 다중 상속관계 구현

참고

Upcasting & Downcasting

- **Upcasting**
  - Upcasting은 아래에서 위로의 대치를 의미
  - Upcasting은 자식 클래스가 부모 클래스를 대치함을 의미

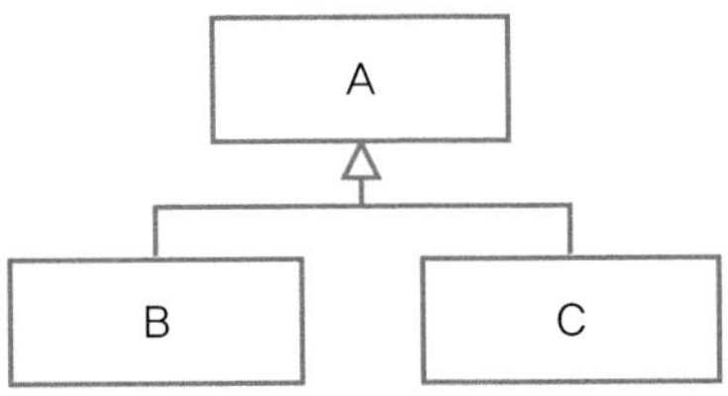


```
A a1 = new B( );
A a2 = new C( );
```

- **Downcasting**
  - Downcasting은 위에서 아래로의 대치를 의미
  - Downcasting은 부모 클래스가 자식 클래스로 대치함을 의미

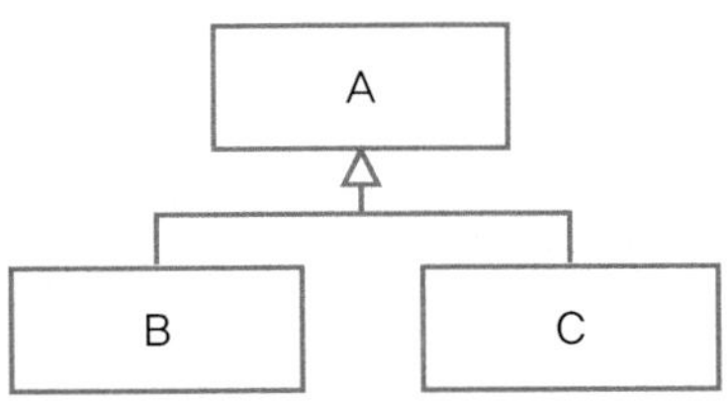


```
B b = (B)new A( );
C c = (C)new A( );
```

위의 Downcasting 코드는 컴파일 오류는 발생하지 않지만 실행 시 casting 오류가 발생한다.

요약

❶ 상속은 데이터나 함수의 재사용을 위한 장치이다.

❷ 상속은 Is-A 관계이다.

❸ 다중 상속은 수퍼 클래스가 둘 이상 존재하는 것이다.

❹ 상속을 이용하면 데이터와 함수의 중복성을 제거한다.

❺ 상속을 이용하면 데이터나 함수의 추가가 용이하다.

❻ 상속을 이용하면 새로운 클래스의 추가가 용이하다.

❼ 상속을 이용하면 수퍼 클래스가 복수개 존재할 수 있다.

❽ 자바언어에서는 'extends'를 이용하여 상속구조를 구현하는데, 클래스 간의 다중 상속을 허용하지 않는다.

연습 문제

1. 상속 개념에 대해 정의하시오.

2. 다중 상속의 문제점에 대해 설명하시오.

3. 다중 상속의 문제점에 대한 해결 방안을 제시하시오.

4. 상속의 특징에 대해 설명하시오.

5. UML을 이용하여 상속을 표기하시오.
(슈퍼클래스는 "Payment", 서브 클래스는 "Cash", "CreditCard", "Point" 임)

6. 위의 UML 상속 표기를 자바 코드로 정의하시오.

기초 실습

1. 다음의 온라인 뱅킹 요구사항을 기반으로 설계 및 구현하시오.

> 계좌(계좌번호, 잔액)를 통해 입금, 출금, 이체 기능을 제공한다. 또한 정기예금계좌(정기납입금), 자산관리계좌(예치금), 증권예탁계좌(예치금, 증권계좌) 도 입금, 출금, 이체 기능을 제공한다. 이 계좌들은 출금과 이체 기능은 모두 동일하게 처리되고, 입금 기능은 각기 다른 방식으로 처리된다.

1.1 사용사례 다이어그램(Use Case Diagram)을 설계하시오.

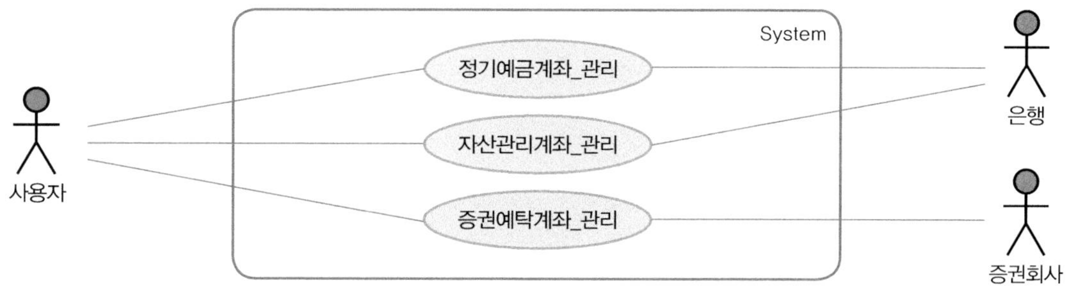

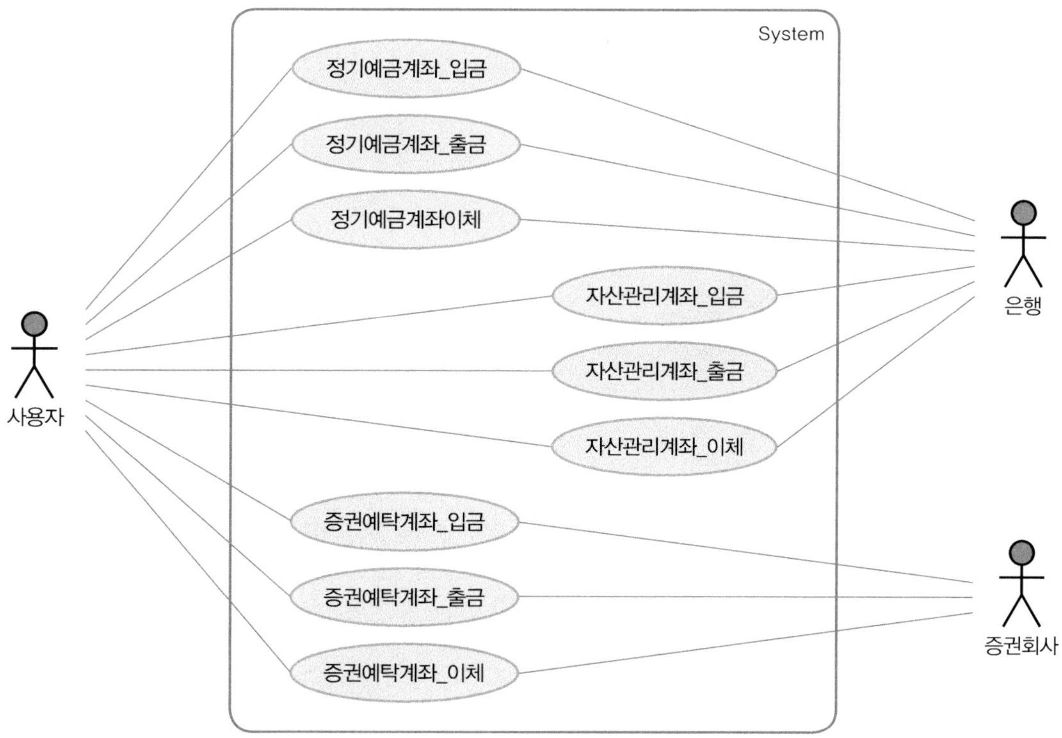

1.2 클래스 다이어그램(Class Diagram)을 설계하시오.
(〈〈boundary〉〉 클래스를 포함할 것)

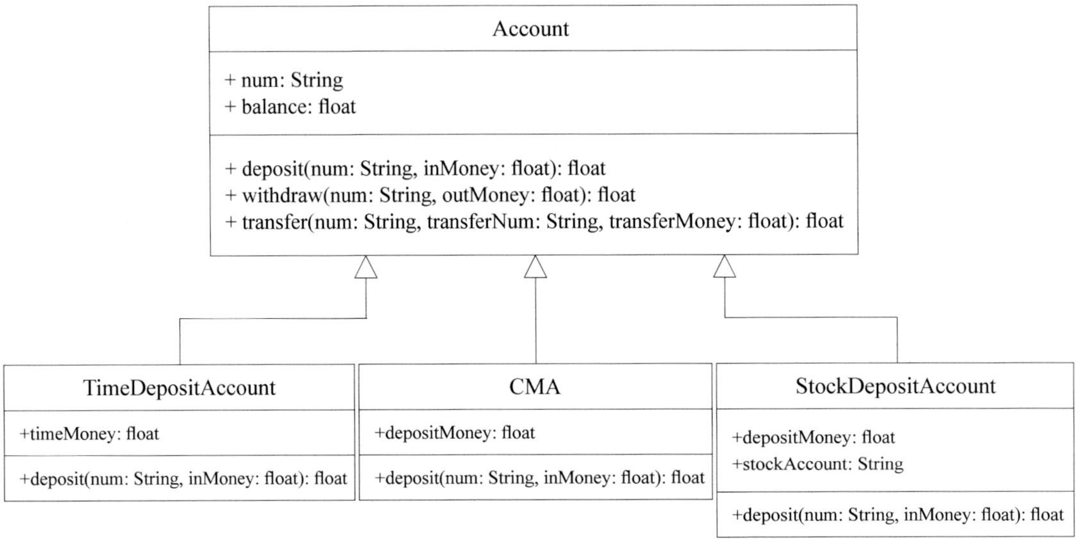

1.3 순차도(Sequence Diagram)을 설계하시오.
(〈〈boundary〉〉 객체 포함할 것)

1.4 순차도(Sequence Diagram)을 기반으로 구현하시오.
(JSP의 액션태그인 useBean을 이용할 것)

응용 실습

1. 다음의 온라인 쇼핑몰 요구사항을 기반으로 설계 및 구현하시오.

> 온라인 쇼핑몰에서 지불(Payment) 방식인 온라인 뱅킹(Bank), 신용카드(CreditCard), 포인트(Point)를 이용하여 지불(pay)과 지불 취소(cancel) 기능을 제공 한다. 또한 신용카드와 포인트는 포인트 적립(save) 기능이 있다.

1.1 사용사례 다이어그램(Use Case Diagram)을 설계하시오.

1.2 클래스 다이어그램(Class Diagram)을 설계하시오.
(〈〈boundary〉〉 클래스를 포함할 것)

1.3 순차도(Sequence Diagram)를 설계하시오.
(〈〈boundary〉〉 객체 포함할 것)

1.4 순차도(Sequence Diagram)를 기반으로 구현하시오.
(JSP의 액션태그인 useBean을 이용할 것)

실습 문제

1. 온라인 뱅킹 시스템의 클래스 설계에서 계좌 클래스에 대해 상속을 이용하여 확장하시오.

- **계좌 클래스의 상속 요구 사항**

> 부모 클래스 : 계좌 클래스
> 계좌 클래스의 속성 : 계좌번호, 잔액
> 계좌 클래스의 함수 : 입금(), 출금(), 이체(), 잔액계산()
> 자식 클래스 : 정기예금계좌, 자산관리계좌(CMA, Cash Management Account), 증권예탁계좌
> 정기예금계좌의 추가 속성 : 정기 납입금
> 자산관리계좌의 추가 속성 : 예치금
> 증권예탁계좌의 추가 속성 : 예치금, 증권계좌

2. 온라인 뱅킹 시스템의 계좌 클래스 설계에 적용된 상속 자바 코드를 정의하시오.

Chapter

09

추상 클래스

학·습·목·표

추상 클래스에 대한 개념을 이해한다.

추상 클래스의 특성을 이해한다.

UML에서의 추상 클래스를 위한 메커니즘을 이해한다.

자바 언어에서의 추상 클래스 장치를 이해한다.

목·차

01 추상 클래스의 개념

이 절에서는 객체지향 핵심 개념 가운데 하나인 추상 클래스에 대해 살펴보기로 한다.

1.1 추상 클래스 정의

추상 클래스는 서로 다른 유형의 클래스들 간에 공통된 행위를 추출하여 정의한 가상의 클래스이다. 이처럼 공통된 행위들에 대해 일반화시켜 만들었기 때문에 추상 클래스도 상속 구조를 취하게 된다. 그리고 일반화 시킨 클래스가 추상 클래스이기 때문에 추상 클래스는 상속 구조에서 수퍼 클래스에 해당한다. 이에 반해 추상 클래스의 하위 클래스들을 구체화 클래스(Concrete Class)라고 한다.

● 추상 클래스는 서로 다른 유형의 클래스들의 공통된 행위를 추출하여 정의한 것이다.

이처럼 추상 클래스는 원래 클래스로 존재한 것이 아니라 여러 클래스들 간에 공통 행위들이 있어서 중복성을 배제하기 위해 일반화시킨 클래스이기 때문에 실제 객체를 생성할 수 없다. 따라서 상속 구조에서 객체를 생성할 수 있는 수퍼 클래스와 구별하기 위해 추상 클래스를 별도로 구분하여 정의하고 있다.

[그림 9-1]처럼 쇼핑몰의 경우에 있어서도 Payment(결제)라는 클래스는 사실 그 자체로서 Payment 객체가 존재하는 것이 아닌 추상 클래스이다. 오히려 Payment 클래스의 하위 클래스인 CreditCard나 Cash, Point 등이 실제 객체를 생성하는 클래스이다.

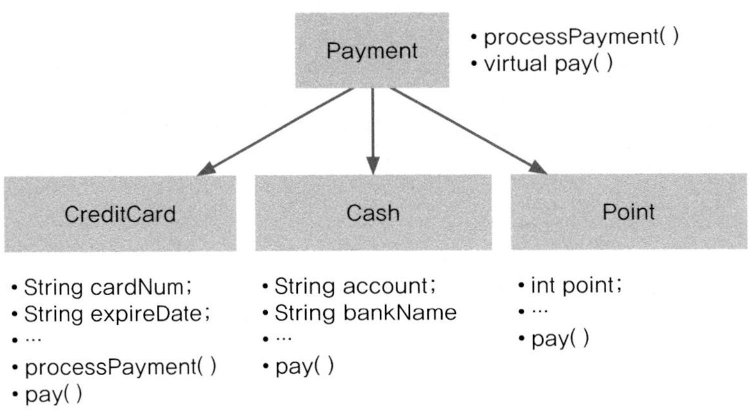

그림 9-1. 추상 클래스의 예

[그림 9-1]에서 'Payment' 클래스에는 여러 데이터와 함수들을 지니고 있다. 그런데 함수들 가운데 'pay( )' 함수는 'virtual'로 표현되어 있고 이탤릭체로 표현되어 있다. 그리고 이 함수명과 동일한 함수들이 CreditCard, Cash, Point 클래스들에도 있다. 이것이 바로 밑의 하위 클래스들이 갖는 공통된 행위들인 것이다. 그리고 이 공통된 행위들을 일반화시켜서 추상 클래스인 'Payment' 클래스로 정의한 것이다. 그리고 추상 클래스에 정의된 공통된 행위 3개는 실제 함수명만 존재하고 함수의 구현은 존재하지 않는 가상의 함수들이다. 이는 각각의 함수 내의 알고리즘(또는 로직)이 다르게 구현된다는 것이다. 즉, 하위 클래스에서 각각 자신의 방법대로 해당 함수들을 구현하게 된다. 따라서 수퍼 클래스인 추상 클래스에는 함수 선언만하기 때문에 추상 혹은 가상 함수로 정의한다. 그리고 하위 클래스에서는 이러한 추상 함수들을 실제 구현하기 때문에 추상 함수가 아닌 일반 함수로 정의하는 것이다.

추상 클래스는 단일의 인터페이스를 제공한다.

추상 클래스는 두가지 목적을 지닌다. 첫 번째 목적은 서로 다른 클래스들이 공통적으로 구현된 함수들에 대해 공통된 행위를 추출하기 위함이다. 두 번째 목적은 추상 클래스로부터 서브 클래싱된 모든 클래스들에 대해 단일의 공통인터페이스를 생성하기 위함이다. 즉, 서브 클래스마다 서로 다르게 구현된 함수들에 대한 템플릿 만을 제공하기 위함이다. 이러한 공통 인터페이스를 정의함으로써 서로 다른 타입들에 대해 서로 다르게 구현할 수 있도록 한다. 그리고 이렇게 서로 다르게 구현된 하위 클래스들의 함수가 공통 인터페이스를 통해 외부에 서비스를 제공할 수 있는 것은 동적 바인딩 메커니즘을 통해 가능하다.

예를 들어 [그림 9-2]에서 Order 클래스에서 Payment 클래스에 결제를 요청하고자 할 경우, Order 클래스는 Payment 클래스의 하부 클래스들에게 직접 pay() 함수를 요청할 필요없이, Payment 클래스의 processPayment(Payment p)함수만 호출하고, 매개 변수로 결제할 결제 객체(예: 신용카드, 현금 결제, 포인트 결제)만 넘겨주면, 해당 객체에 따라 동적으로 바인딩되어 결제 함수가 이루어진다.

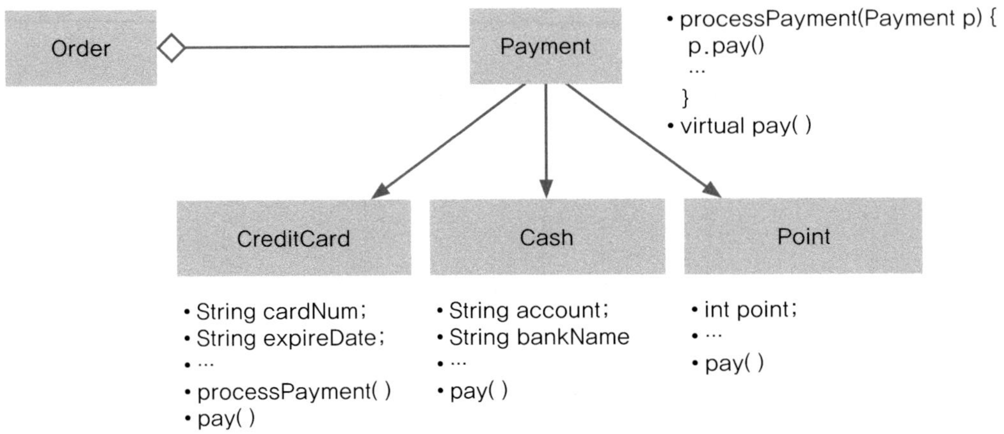

그림 9-2. 단일 인터페이스를 제공하는 추상 클래스

● 추상 클래스는 적어도 하나 이상의 가상 함수를 가져야 한다.

앞서 설명한 것처럼 추상 클래스는 2가지 목적을 가지기 때문에 추상 클래스 안에는 하위 클래스들이 공통적으로 갖는 함수(구현된 함수)뿐만 아니라 하위 클래스들마다 서로 다르게 구현된 함수들에 대한 템플릿 즉, 가상 함수를 적어도 하나 이상 지니고 있다. 이 가상 함수는 추상 클래스의 하위 클래스들에서 각자 함수의 몸체를 구현해야 한다. [그림 9-2]에서 pay()라는 함수는 Payment 추상 클래스에서는 몸체가 없지만, 하위 클래스 각각에서는 자기만의 결제 로직이 구현되어 정의되어 있어야 한다. 또한 추상 클래스는 이처럼 가상 함수가 존재하기 때문에 추상 클래스는 일반 다른 클래스와 달리 객체를 생성할 수 없다.

⊖ 객체지향 개념

추상 클래스의 개념

1. 추상 클래스는 서로 다른 유형의 클래스들의 공통된 행위를 추출하여 정의한 것이다.
2. 추상 클래스는 단일의 인터페이스를 제공한다.
3. 추상 클래스는 적어도 하나 이상의 가상 함수를 가져야 한다.

⊕ UML

⊕ 자바

그림 9-3. 추상 클래스의 개념

1.2 추상 클래스의 특성

일반적으로 상속 구조들을 살펴보면 추상 클래스 형태의 수퍼 클래스들이 많이 존재한다. 이는 그만큼 추상 클래스가 많은 이점들을 제공하고 있기 때문이다.

객체지향 개념

추상화 클래스의 특성

1. 재사용성을 높여준다.
2. 서브 클래스 객체들을 추상 클래스 객체들로 대치시킬 수 있다.
3. 서로 다른 종류의 객체들을 수집할 수 있다.
4. 유지보수성을 향상시켜준다.
5. 확장성을 높여준다.

UML

자바

그림 9-4. 추상화 클래스의 특성

❶ 재사용성을 높일 수 있다.

추상 클래스도 상속 구조를 기반으로 하기 때문에 추상 클래스에 하위 클래스들이 갖는공통된 속성이나 함수들을 추출함으로써 재사용성을 높일 수 있다.

❷ 서브 클래스 객체들을 추상 클래스 객체들로 대치시킬 수 있다.

상속구조와 마찬가지로 추상 클래스와 서브 클래스들 간의 관계도 IS-A 관계가 성립된다. 즉, '서브 클래스이면 추상 클래스이다(서브 클래스=추상 클래스)'라는 관계가 성립된다. 따라서 추상 클래스 객체 대신에 서브 클래스 객체들이 대치될 수 있다.

[그림 9-5]에 보면 addProduct(Product p)이라는 함수가 있다. 이 함수는 상품을 등록하는 함수로서, 이 함수의 매개 변수는 추상 클래스 Product 타입 객체 p로 선언되어 있다. Product 클래스는 추상 클래스이기 때문에 객체를 생성할 수 없다. 그런데 이렇게 선언이 가능한 이유는 IS-A 관계 때문이다. 즉, Product 타입의 객체 p가 선언되었지만 p에는 Product 객체가 아닌 Product의 하위 클래스인 TV나 Audio, Oven 등의 객체들이 대치된다. 이것이 바로 IS-A 관계로 인해 이루어지는 대치성이다. 만일 이 대치성이 없다면 하위 클래스 별로 addProduct( )이라는 함수가 각각 존재해야 한다. 그러나 대치성으로 인해 추상 클래스인 수퍼 클래스 한곳에 한번만 정의해도 하위 클래스의 객체 누구나 다 가능하게 된 것이다. 이는 코드의 재사용성 뿐만 아니라 프로그램 복잡도의 간결화를 가져다 준다.

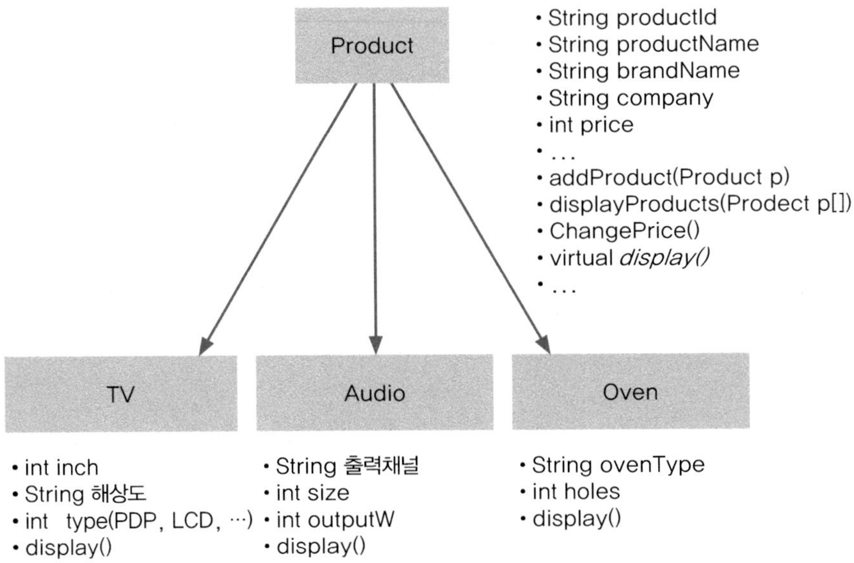

그림 9-5. Product 추상 클래스

❸ 서로 다른 종류의 객체들을 수집할 수 있다.

추상 클래스를 사용하게 되면 서로 다른 하위 클래스들의 객체들을 쉽게 수집할 수 있도록 해준다. [그림 9-5]의 예를 기반으로 이기종 객체를 수집하는 Java 코드 형태는 다음과 같다. [그림 9-6]의 코드 가운데 Product 클래스에서 Product[] pList = new Product[3]; 부분이 이기종 객체들을 수집하는 코드이다. 즉 pList[3]이라는 배열에는 Product 객체가 아닌 Product의 서로 다른 하위 클래스 객체들이 들어갈 수 있다. 즉, pList에는 TV 객체 1개, Audio 객체 1개, Oven 객체 1개가 들어가 있을 수 있다. 이러한 이유에서 서로 다른 종류 즉, 이기종 객체들을 수집할 수 있다는 것이다. 그러면 이 특성이 어떠한 이점을 주는가? 코드의 간결성을 높여준다. [그림 9-6]의 displayAllProducts()라는 함수를 보면, p[i].display()라는 메소드를 호출하고 있다. 여기서 p[i]에는 서로 다른 객체들이 있기 때문에 그때그때 p[i]에 있는 객체에 따라 display()하는 함수의 내용이 다르게 나타난다. 만일 이러한 이기종 객체 수집 장치가 없었으면, Product[ ] 배열에 있는 Product의 개수만큼 display()를 반복하여 정의해야 한다. 그러나 코드 한 줄로 Product의 개수만큼을 모두 커버하고 있다. 즉, 코드의 효율성과 간결성이 높아진 것이다.

```
public class Product {
        //이기종 객체의 수집
        Product[ ] pList = new Product[3];
        static void displayAllProducts(Product[ ] p) {
              for(int i=0; i < p.length; i++)
                     p[i].display();
        }
        …
}
```

그림 9-6. 이기종 객체 수집의 예

❹ 유지보수성을 향상시킬 수 있다.

추상 클래스의 경우 가상 함수가 있기 때문에 하위 클래스에서는 이 가상 함수에 대해 자신의 알고리즘 혹은 로직 대로 언제든지 추상 클래스에 있는 함수에 영향을 주지 않고 수정이 가능하다.

❺ 확장성을 높일 수 있다.

추상 클래스는 서로 다른 유형의 하위 클래스들 간의 공통된 행위들을 추출하여 정의하기 때문에 그러한 공통 행위를 갖는 새로운 클래스를 추가하기가 매우 용이하다. 그리고 하위 클래스들이 각기 구현은 다르지만 동일한 함수 시그너처를 갖는 경우는 새로운 가상 함수를 추상 클래스에 정의하면 된다.

02 UML에서의 추상화

추상화는 상속의 개념과 유사하기 때문에 클래스 다이어그램의 상속관계 표기를 이용하여 추상화 구조를 설계한다.

2.1 추상화 표기법

추상화 설계는 [그림 9-7]과 같이 클래스에 ‘〈〈abstract〉〉’ 라는 스테레오 타입을 명시하여 ‘Payment’ 클래스가 추상 클래스임을 정의한다. 앞에서 정의한 것과 같이 추상 클래스는 하나 이상의 추상함수를 포함하므로 구체화 클래스에서 구현해야 하는 공통된 함수인 추상함수를 ‘〈〈abstract〉〉’ 스테레오 타입으로 명시한다. ‘pay()’ 함수는 ‘Cash’, ‘CreditCard’, ‘Point’ 클래스에서 반드시 구현해야 하는 함수이므로 추상함수로 정의한다.

추상 클래스와 구체화 클래스의 관계는 상속 설계 시 이용되었던 상속관계 표기와 동일하게 정의한다. 상속 설계와 다른 점은 ‘Payment’ 라는 추상클래스는 추상함수를 가지고 있으므로 객체를 생성할 수 없다.

객체지향 개념

추상 클래스의 개념

1. 추상 클래스는 서로 다른 유형의 클래스들의 공통된 행위를 추출하여 정의한 것이다.
2. 추상 클래스는 단일의 인터페이스를 제공한다.
3. 추상 클래스는 적어도 하나 이상의 가상 함수를 가져야 한다.

UML

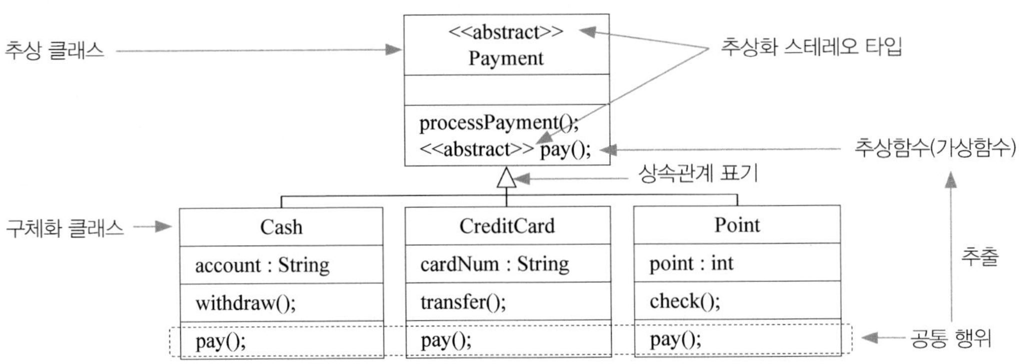

(가) 추상화 설계

자바

그림 9-7. 추상 클래스의 설계

03 자바에서의 추상화

추상화의 자바 구현은 상속 구현과 동일하지만, 구체화 클래스에서 반드시 추상함수를 구현해야 하며 추상 클래스는 객체를 생성할 수 없다.

3.1 추상화 구현

추상화에 대한 자바구현은 [그림 9-8]과 같이 상속관계를 구현할 때와 동일한 'extends' 예약어를 사용하여 'Payment' 추상 클래스와 'Cash' 구체화 클래스 간의 관계를 구현한다.

객체지향 개념

추상 클래스의 개념

1. 추상 클래스는 서로 다른 유형의 클래스들의 공통된 행위를 추출하여 정의한 것이다.
2. 추상 클래스는 단일의 인터페이스를 제공한다.
3. 추상 클래스는 적어도 하나 이상의 가상 함수를 가져야 한다.

UML

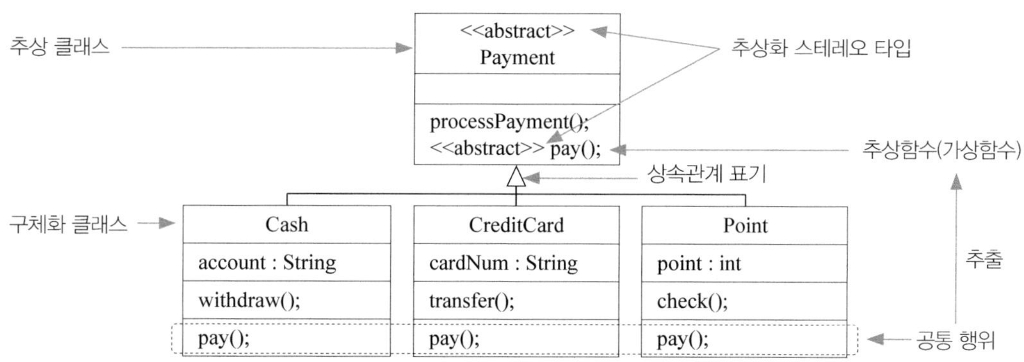

(가) 추상화 설계

자바

```
public  abstract  class Payment  {
    public static void processPayment (Payment p) { p.pay(); … }
    public  abstract  void pay();

public class Cash          extends  Payment {
    public withdraw() { … }
    public void pay() {  /* cash 지불 알고리즘 구현 */  }
```

(가) 추상화 구현

그림 9-8. 추상 클래스의 구현

'abstract' 예약어를 사용하여 'Payment' 클래스가 추상 클래스라는 것을 정의하며, 함수 앞에 'abstract' 예약어를 사용하여 'pay()' 함수가 추상함수임을 구현한다. 추상함수는 함수에 대한 정의(시그니처:함수명, 결과 타입, 입력 파라메터)만 있으며 구현 내용이 없는 것을 의미한다. 이러한 'pay()' 추상함수는 구체화 클래스인 'Cash', 'CreditCard', 'Point' 구체화 클래스의 구현함수에서 구현한다.

추상화 클래스와 구체화 클래스의 객체생성은 [그림 9-9]와 같다. 추상화 클래스는 추상함수를 포함하고 있는 불완전한 클래스로서 객체 생성 시 오류가 발생하며, 추상함수를 구현한 구체화 클래스들은 완전한 클래스로서 객체를 생성할 수 있다.

```
Payment      payment       = new Payment();       // Error
Cash         cash          = new Cash();          // OK
CreditCard   creditCard    = new CreditCard();    // OK
Point        point         = new Point();         // OK
```

그림 9-9. 추상화 클래스 및 구체화 클래스의 객체생성

[그림 9-10]과 같이 'Payment' 추상 클래스에서 단일 인터페이스를 위해 클래스 함수('static') 'processPayment()'를 제공한다. 본 단일 인터페이스를 통해 'Payment' 클래스를 상속받는 'CreditCard', 'Cash', 'Point'와 같이 이기종의 클래스들을 입력받을 수 있다. 'pay()' 함수는 'Payment' 추상클래스를 상속받는 서버 클래스에서 반드시 구현해야 하는 추상함수이다. 따라서, 서브 클래스들은 추상함수를 구현한 동일한 함수들을 가지고 있다.

```
public abstract class Payment  {
     public static void processPayment(Payment p) {
         p.pay();
     }
     public abstract void pay();
}
```

그림 9-10. 단일 인터페이스를 구현한 추상 클래스

[그림 9-11]은 'Payment' 추상 클래스의 'pay()' 추상함수를 구현하여 동일한 함수들을 가지고 있

는 서브 클래스들 이다. 이러한 동일 함수들에 의해 동일 인터페이스가 적용될 수 있다.

```
public class CreditCard extends Payment {
    public void pay() {
        System.out.println(" CreditCard Payment. ");
    }
}
public class Cash extends Payment {
    public void pay() {
        System.out.println(" Cash Payment. ");
    }
}
public class Point extends Payment {
    public void pay() {
        System.out.println(" Point Payment. ");
    }
}
```

그림 9-11. 단일 인터페이스를 위한 구체화 클래스

[그림 9-12]에서와 같이 'Order' 클래스는 다양한 지불 방식을 처리하기 위해 'Payment' 클래스의 단일 인터페이스인 'processPayment(Payment p)' 를 사용하고 있다. 본 단일 인터페이스의 입력 데이터로 'CreditCard', 'Cash', 'Point' 중 어떠한 클래스가 입력되더라도 인터페이스는 동일하게 사용할 수 있다.

```
public class Order {
    public void processOrder() {
        Payment creditCard = new CreditCard();
        Payment.processPayment(creditCard);
    }
    public static void main(String args[]) {
        Order order = new Order();
        order.processOrder();
    }
}
```

그림 9-12. 단일 인터페이스를 이용한 클래스

참고

추상함수(Abstract Method)

- **추상함수의 개념**
  - 함수의 시그니처(Signature)만 존재하며 함수 구현부가 없는 함수
  - 추상 클래스 내에 정의되는 함수
  - 자식 클래스에서 반드시 구현되어야 하는 함수

- **자바에서의 추상함수**
  - 함수 앞에 'abstract' 키워드를 붙임

```
abstract class Test {
  abstract void testFun( int a );
}
```

  - 인터페이스 내에도 정의될 수 있음.
    (인터페이스에서는 'abstract' 생략)

- **C++에서의 추상함수**
  - 함수 앞에 'virtual' 키워드를 붙임
  - 함수 뒤에 '0'을 붙임.
  - 순수가상함수라고 함.

```
class Test {
    public:
      virtual void testFun( int a ) = 0;
 }
```

요약

❶ 추상 클래스는 서로 다른 유형의 클래스들의 공통된 행위를 추출하여 정의한 것이다.

❷ 추상 클래스는 단일의 인터페이스를 제공한다.

❸ 추상 클래스는 적어도 하나 이상의 가상 함수를 가져야 한다.

❹ 추상 클래스를 이용하면 재사용성을 높여준다.

❺ 추상 클래스를 이용하면 서브 클래스 객체들을 추상 클래스 객체들로 대치시킬 수 있다.

❻ 추상 클래스를 이용하면 서로 다른 종류의 객체들을 수집할 수 있다.

❼ 추상 클래스를 이용하면 유지보수성을 향상시켜준다.

❽ 추상 클래스를 이용하면 확장성을 높여준다.

❾ UML에서는 클래스에 '《abstract》' 라는 스테레오 타입을 명시하여 해당 클래스가 추상 클래스임을 정의한다.

❿ Java 언어에서는 'abstract' 키워드를 이용하여 추상 클래스를 구현한다.

⓫ Java에서 추상 클래스는 객체를 생성할 수 없다.

⓬ Java에서 추상 클래스는 하나 이상의 추상 함수(abstract function)을 가져야 한다.

연습 문제

1. 추상 클래스의 개념에 대해 정의하시오.

2. 추상 클래스의 특징에 대해 설명하시오.

3. UML을 이용하여 추상 클래스를 표기하시오.
(추상 클래스는 "Payment", 구체화 클래스는 "Cash", "CreditCard", "Point" 임)

4. 위의 추상화 클래스에 대한 UML 표기를 자바 코드로 정의하시오.

실습 문제

1. 온라인 뱅킹 시스템의 클래스 설계에서 계좌 클래스에 대해 추상화 개념을 이용하여 설계하시오.

- **계좌 클래스의 추상화 요구 사항**

> 추상 클래스 : 계좌 클래스
> 계좌 클래스의 일반함수 : 입금(), 출금()
> 계좌 클래스의 추상함수 : 이체(), 잔액계산()
> 자식 클래스 : 일반계좌,
> 정기예금계좌,
> 자산관리계좌(CMA,Cash Management Account),
> 증권예탁계좌
> 정기예금계좌의 추가 속성 : 정기 납입금
> 정기예금계좌의 구현 함수 : 이체(), 잔액계산()
> 자산관리계좌의 추가 속성 : 예치금
> 자산관리계좌의 구현 함수 : 이체(), 잔액계산()
> 증권예탁계좌의 추가 속성 : 예치금, 증권계좌
> 증권예탁계좌의 구현 함수 : 이체(), 잔액계산()

2. 온라인 뱅킹 시스템의 계좌 클래스 설계에 적용된 추상화 자바 코드를 정의하시오. 각각의 자식 클래스 함수 구현부에 대한 요구사항은 다음과 같다.

- **계좌 클래스의 자식 클래스들에 대한 함수 요구사항**

```
계좌 클래스의 입금() 함수 구현부 : 출력값 없음
계좌 클래스의 출금() 함수 구현부 : return 0;
모든 자식 클래스의 이체() 함수 구현부 : return true;
모든 자식 클래스의 잔액계산() 함수 구현부 : return true;
```

Chapter

10 인터페이스

학·습·목·표

인터페이스에 대한 개념을 이해한다.

인터페이스의 특성을 이해한다.

UML에서의 인터페이스를 위한 메커니즘을 이해한다.

자바 언어에서의 인터페이스 장치를 이해한다.

목·차

01 인터페이스의 개념

이 절에서는 객체지향 핵심 개념 가운데 하나인 인터페이스에 대해 살펴보기로 한다.

1.1 인터페이스의 정의

인터페이스에 대한 사전적 정의는 사물 간 또는 사물과 인간 사이의 의사소통이 가능하도록일시적 혹은 영구적 접근을 목적으로 만들어진 물리적, 가상적 매체를 의미한다.

● 인터페이스는 의사소통을 위한 물리적, 가상적 매체이다.

우리 실생활에서 흔히 접할 수 있는 개념이다. 예를 들어, TV 리모콘은 시청자와 TV 수상기와의 상호작용을 위한 인터페이스이다. 언어는 두사람 사이의 의사소통을 위한 인터페이스이다. 인간과 인간 사이의 통신 인터페이스로는 전화나 휴대전화가 물리적 매체로서 인터페이스 역할을 한다고 볼 수 있다.

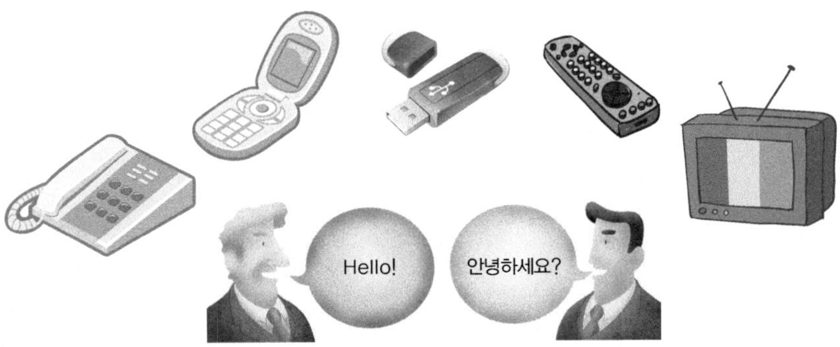

그림 10-1. 인터페이스 예

컴퓨터 하드웨어 분야에서는 인터페이스를 물리적 매체로서 나타내지만, 소프트웨어에서는 특정 기능을 위한 관련된 함수들의 집합이라고 표현한다.

인터페이스는 특정 기능을 수행하기 위해 선언된 함수들의 집합

객체지향에서 다루는 인터페이스 개념은 소프트웨어에서 다루는 인터페이스 개념을 의미한다. 이 인터페이스는 특정 기능 혹은 특정 서비스 수행에 필요한 함수들을 선언만 하고 있기 때문에 이 선언된 함수들에 대한 구현은 클래스나 컴포넌트를 통해서 구현하게 된다. 따라서 인터페이스에 대한 명세가 잘 정의되면 구현은 인터페이스와 분리되어서 다양하게 구현할 수 있게 된다. 이렇게 함으로써 명세와 구현이 분리되어서 소프트웨어에 대한 재사용성이 높아진다. 예를 들어, 워드 프로세서의 인쇄 기능에 문제가 발생했다고 해서 워드 프로세서의 모든 프로그램을 수정할 필요없이 인쇄 기능에 대한 모듈 혹은 컴포넌트 구현만 새로운 것으로 교체하면 되게 된다.

인터페이스는 소프트웨어 서비스에 대한 명세이다.

이와 같은 개념은 하드웨어에서는 이미 반영되어 개발되고 운영되고 있다. 예를 들어 우리가 컴퓨터 사용하다가 마우스가 고장이 났다고 해서 컴퓨터 전부를 교체하는 것이 아니라 마우스만 새로운 것으로 교체하면 된다. 또한 마우스를 이전 회사의 제품과 동일한 마우스로 교체해야 하는 것이 아니라 포트만 동일하면 다른 회사 제품의 마우스로 교체해도 시스템 작동에는 아무런 문제가 없다. 여기서 말하는 포트 개념이 소프트웨어에서 말하는 인터페이스이다. 이러한 의미에서 인터페이스는 소프트웨어의 독립적 서비스에 대한 명세라고 할 수 있다.

⊖ 객체지향 개념

인터페이스의 개념

1. 인터페이스는 의사소통을 위한 물리적, 가상적 매체이다.
2. 인터페이스는 특정 기능을 수행하기 위해 선언된 함수들의 집합이다.
3. 인터페이스는 소프트웨어 서비스에 대한 명세이다.

⊕ UML

⊕ 자바

그림 10-2. 인터페이스의 개념

1.2 인터페이스의 특성

인터페이스는 함수들에 대한 선언만을 갖고 있기 때문에 다음과 같은 특성들을 지니고 있다.

객체지향 개념

인터페이스의 특성

1. 함수의 선언만 표현한다.
2. 객체를 생성할 수 없다.
3. 클래스와 상속 관계를 맺을 수 없다.
4. 변수를 포함할 수 없다.
5. 명세와 구현을 분리할 수 있다.

UML

자바

그림 10-3. 인터페이스의 특성

❶ 함수의 선언만 표현한다.

인터페이스는 앞서 정의에 기술한 것처럼 함수 선언의 집합이기 때문에 인터페이스 내에는 함수에 대한 구현 부분은 전혀 존재할 수 없다. 그리고 인터페이스 내의 함수들은 모두 외부에서 접근이 가능해야 하기 때문에 모두 public 함수들이어야 한다.

❷ 객체를 생성할 수 없다.

인터페이스는 함수들에 대한 구현 부분이 전혀 존재하지 않기 때문에 추상 클래스처럼 객체를 생성할 수 없다. 따라서 인터페이스 내의 선언된 함수들을 지닌 객체를 생성하고 싶을 경우는 해당 인터페이스를 구현하는 클래스를 정의한 후, 해당 클래스로부터 객체를 생성하면 된다.

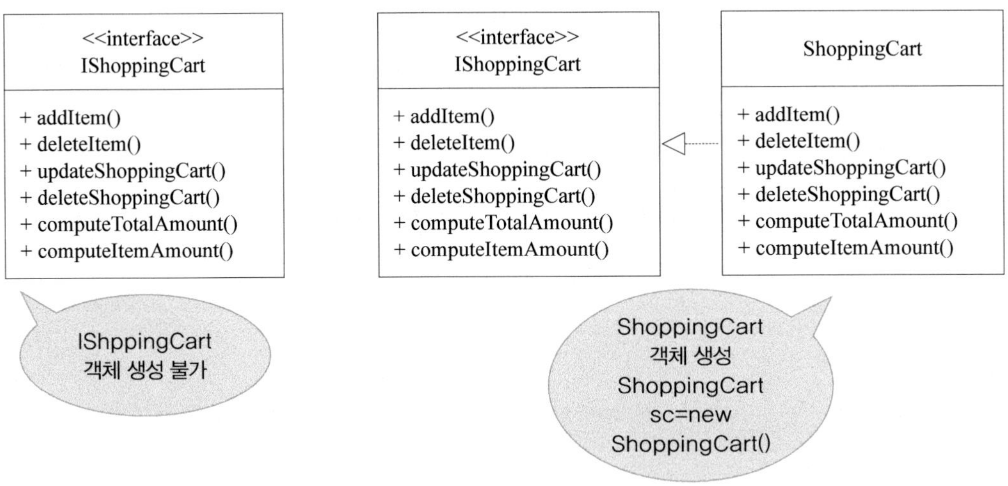

(a) 인터페이스만 정의 (b) 클래스를 통한 인터페이스 구현

그림 10-4. 클래스를 통한 객체생성

❸ 클래스와 상속 관계를 맺을 수 없다.

클래스와 추상 클래스 간에는 서로 상속 관계를 맺을 수 있으나 반면에 인터페이스는 클래스와 서로 상속 관계를 맺을 수 없다. 즉, [그림 10-5]에 나타난 것처럼 인터페이스의 부모가 클래스가 될 수 없을 뿐만 아니라 클래스의 부모 또한 인터페이스가 될 수 없다.

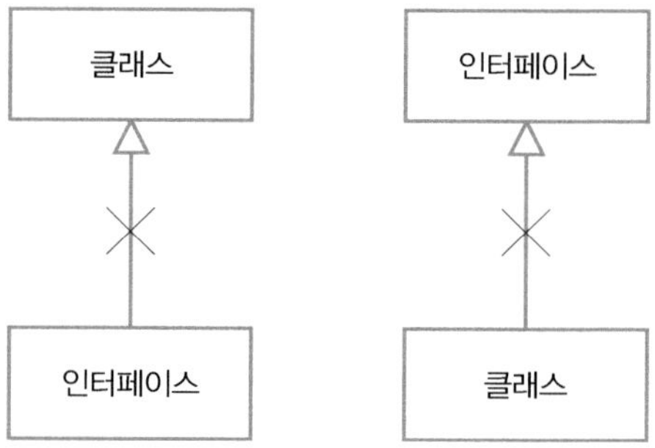

그림 10-5. 클래스와 인터페이스 간의 상속 구조

❹ 변수를 포함할 수 없다.

추상 클래스는 내부에 변수를 포함할 수 있었지만 인터페이스는 변수를 정의할 수 없다. 다만 상수만 정의 가능하다.

❺ 명세와 구현을 분리할 수 있다.

인터페이스는 소프트웨어공학에서 말하는 관심 분리(Separate of Concern)의 원칙을 반영한 장치이다. 즉, 인터페이스는 명세를 표현하는 장치이고, 이를 구현하는 것은 클래스 혹은 컴포넌트가 된다. 따라서 인터페이스에 명세된 함수들은 클래스에 의해 구현이 되며, 컴포넌트에서는 이러한 구현 부분을 외부에 노출시키지 않고 은폐시킨다. 따라서 컴포넌트를 사용하는 사용자 관점에서는 컴포넌트의 인터페이스만 보이며 인터페이스를 통해 컴포넌트 내부 기능들을 호출하게 된다.

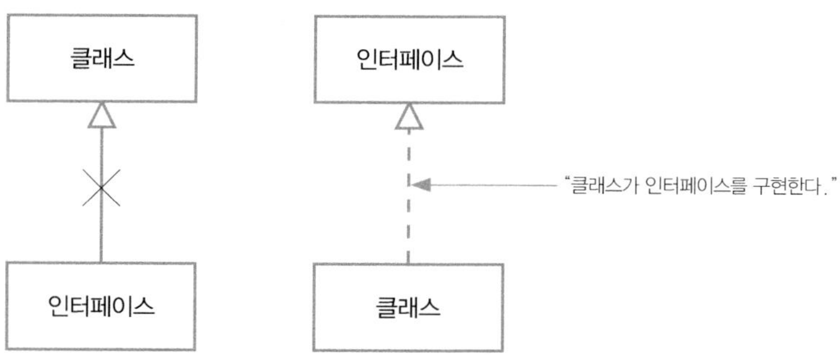

그림 10-6. 명세와 구현 분리

02 UML에서의 인터페이스

인터페이스는 서비스에 대한 명세로서 클래스 다이어그램에서 클래스 표기를 이용하여 설계한다.

2.1 인터페이스 표기법

인터페이스 설계는 [그림 10-7]과 같이 클래스 표기에 '〈〈interface〉〉'라는 스테페오 타입을 명세하여 'IShoppingCart' 클래스가 인터페이스임을 정의한다. 인터페이스는 함수들의 집합으로서 구현 클래스가 구현해야 할 서비스(또는 기능)임을 나타낸다. 'IShoppingCart' 인터페이스와 'ShoppingCart' 클래스가 동일한 함수들을 가지고 있는 것과 같이, 인터페이스를 구현하는 클래스는 반드시 인터페이스의 서비스 명세를 구현해야만 한다.

객체지향 개념

인터페이스의 개념

1. 인터페이스는 의사소통을 위한 물리적, 가상적 매체이다.
2. 인터페이스는 특정 기능을 수행하기 위해 선언된 함수들의 집합이다.
3. 인터페이스는 소프트웨어 서비스에 대한 명세이다.

UML

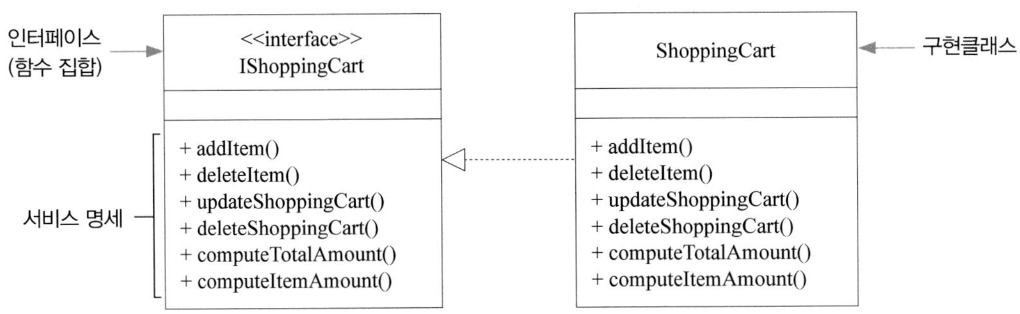

(가) 인터페이스 설계

자바

그림 10-7. 인터페이스의 설계

인터페이스를 통해 다양한 구현 클래스를 구현할 수 있으며, [그림 10-8]과 같이 쇼핑몰 사이트별로 다양한 쇼핑 카트 정책이 있을 수 있기 때문에 다양한 카트 정책을 구현해야 한다. 이럴 경우, 서비스 명세인 인터페이스 만을 준수하여 구현하면 된다.

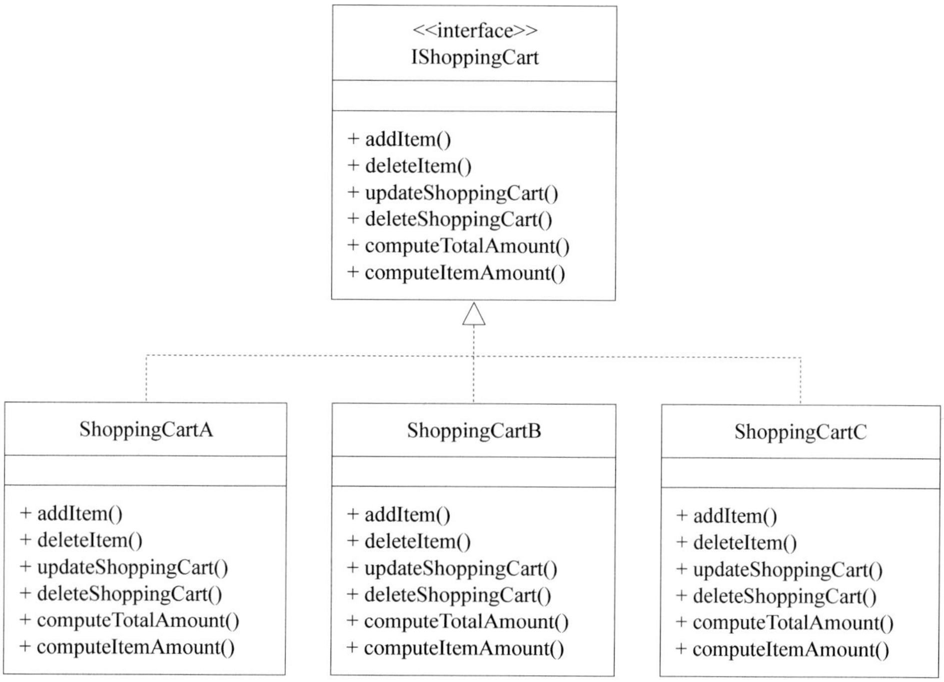

A 쇼핑몰에 적용하기 위한 구현 클래스

B 쇼핑몰에 적용하기 위한 구현 클래스

C 쇼핑몰에 적용하기 위한 구현 클래스

그림 10-8. 인터페이스에 의한 다양한 클래스 구현

다양하게 구현된 'ShoppingCart' 클래스는 쇼핑몰의 주문 기능인 'Order' 클래스에 의해 연관을 갖으며, 사이트별로 구현된 'ShoppingCart' 클래스를 호출해야 한다. 그런데 [그림 10-9]와 같이 'Order' 클래스가 각 사이트별로 구현 클래스를 직접 호출한다면, 사이트별로 'Order' 클래스를 수정해야 하는 유지보수의 어려움을 발생시키며 객체의 독립성을 어렵게 만들어, 결국 개발의 생산성을 감소시킨다.

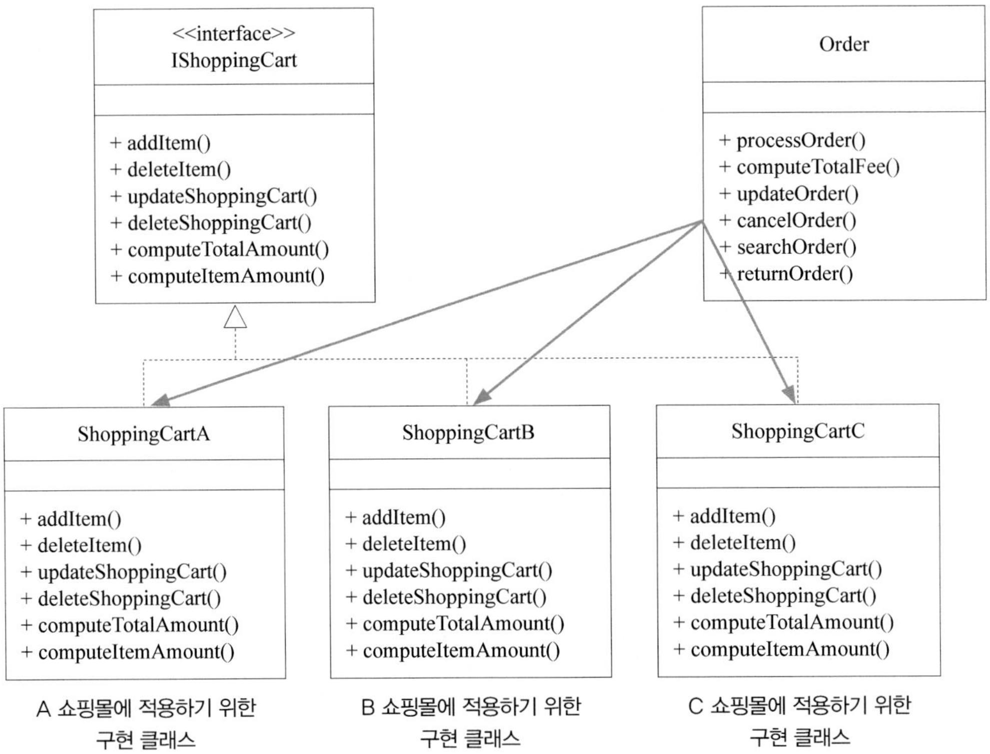

그림 10-9. 인터페이스의 구현 클래스의 직접 호출

인터페이스에 의해 구현된 다양한 클래스의 변경에도 다른 클래스에 영향을 주지 않기 위해서는 구현 클래스를 직접 호출하는 않고 인터페이스를 통해 간접 호출하는 것이다. [그림 10-10]과 같이 쇼핑몰 별로 다양한 로직이 구현된 'ShoppingCart' 클래스를 호출하기 위해서는 인터페이스인 'IShoppingCart'를 호출하도록 한다. 따라서 구현 클래스가 변경되더라도 'Order' 주문 클래스는 전혀 변경할 필요가 없다. 이것이 인터페이스를 통해 유지보수성을 향상시켜 줄 수 있는 방법이다.

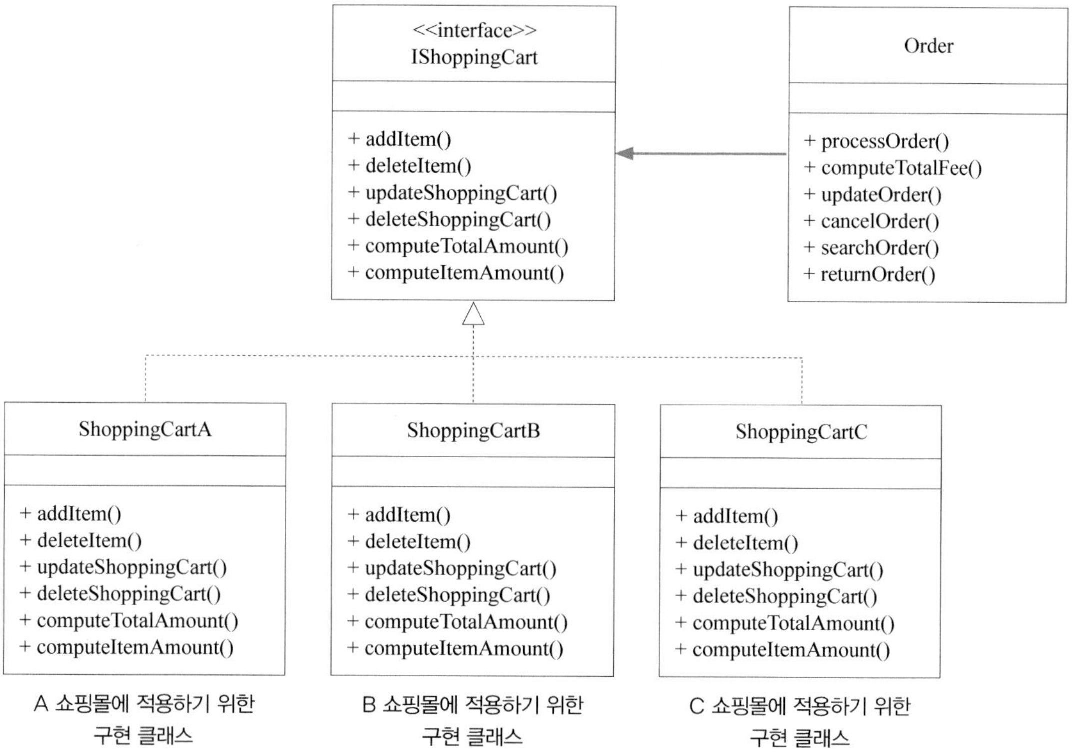

그림 10-10. 인터페이스의 구현 클래스의 간접 호출

03 자바에서의 인터페이스

인터페이스에 대한 자바 구현은 함수에 대한 명세이며, 함수에 대한 구체적인 구현은 하위 클래스에서 정의하여 구현한다.

3.1 인터페이스 구현

인터페이스의 자바 구현은 [그림 10-11]과 같이 'interface' 예약어를 사용하여 인터페이스를 정의하며 인터페이스를 구현하는 클래스는 'implements' 라는 예약어를 사용하여 인터페이스에 정의된 함수명세를 구현함을 나타낸다. 'IShoppingCart' 인터페이스가 포함하고 있는 함수들은 'ShoppingCart' 구현 클래스에서 반드시 모두 구현해야 하며, 만약 구현하지 않을 경우 컴파일 오류가 발생한다.

객체지향 개념

인터페이스의 개념

1. 인터페이스는 의사소통을 위한 물리적,가상적 매체이다.
2. 인터페이스는 특정 기능을 수행하기 위해 선언된 함수들의 집합이다.
3. 인터페이스는 소프트웨어 서비스에 대한 명세이다.

UML

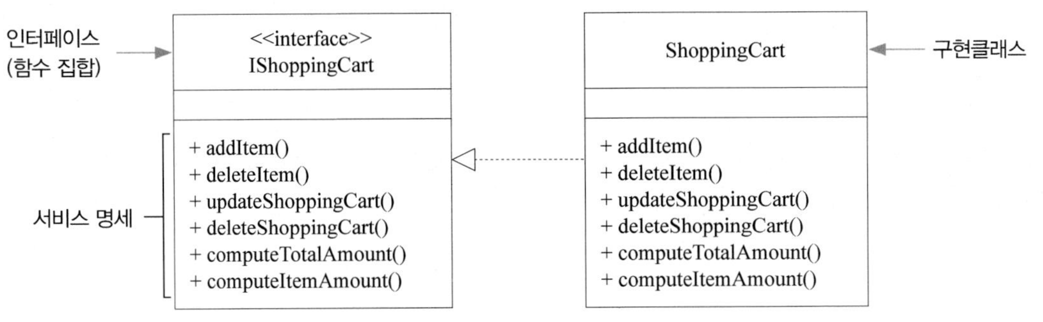

(가) 인터페이스 설계

자바

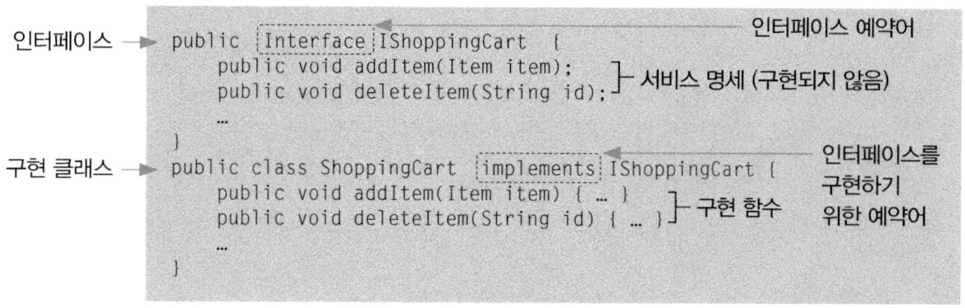

(나) 인터페이스 구현

그림 10-11. 인터페이스의 구현

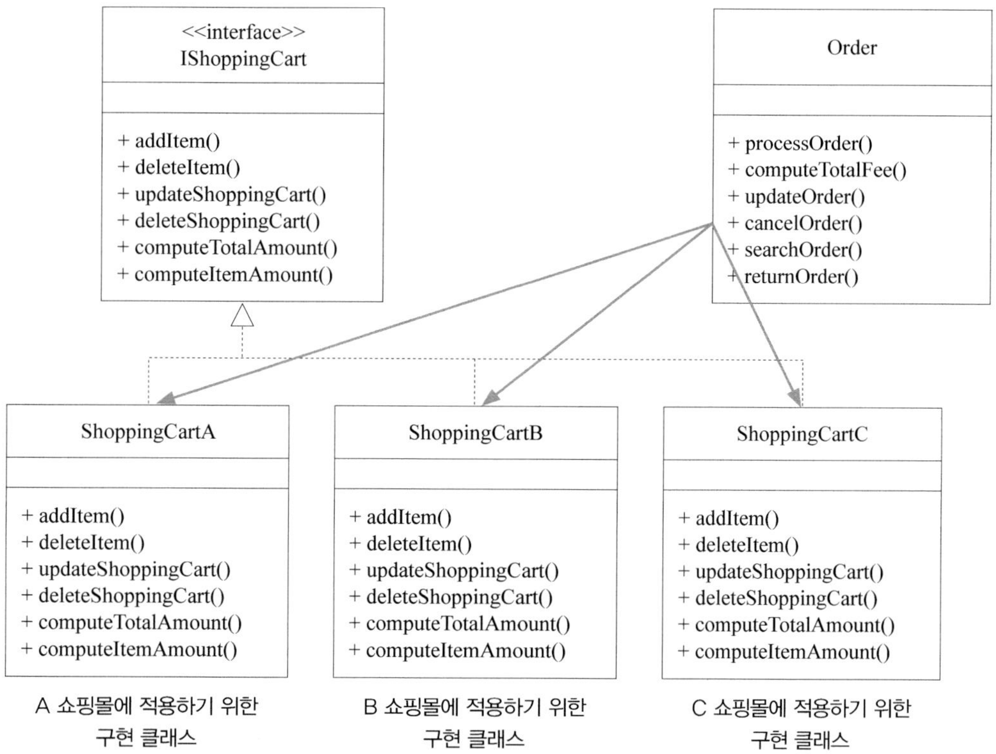


```
public class Order {
    …
    ShoppingCartA cart = new ShoppingCartA();
    cart.addItem(item);
    …
}
```

그림 10-12. 인터페이스의 구현 클래스의 직접 호출 구현

인터페이스의 구현 클래스를 다른 클래스에서 호출할 때 직접 호출하는 경우와 간접 호출하는 경우에 따라서 유지보수의 생산성 차이가 발생한다. [그림 10-12]에서 같이 'Order' 주문 클래스에서 'ShoppingCartA' 클래스를 생성하여 직접 호출하는 경우 새로운 사이트 쇼핑몰 B와 쇼핑몰 C를 지원하기 위해 'Order' 클래스를 수정해야 하므로 유지보수의 복잡성이 발생한다.

[그림 10-13]은 'Order' 주문 클래스에서 'IShoppingCart' 인터페이스를 구현한 클래스를 직접 호출하지 않고 구현 클래스를 관리하는 'ShoppingCartFactory' 클래스를 통해 얻은 구현 클래스를 통해 호출한다. 이렇게 호출된 클래스는 'IShoppingCart' 인터페이스로 casting되어 'Order' 클래스 내부에서 이용될 수 있다. 이와 같이 어떤 클래스로 변경되더라도 이를 이용하는 다른 클래스는 인터페이스에 의해 영향을 받지 않고 변경될 수 있다.

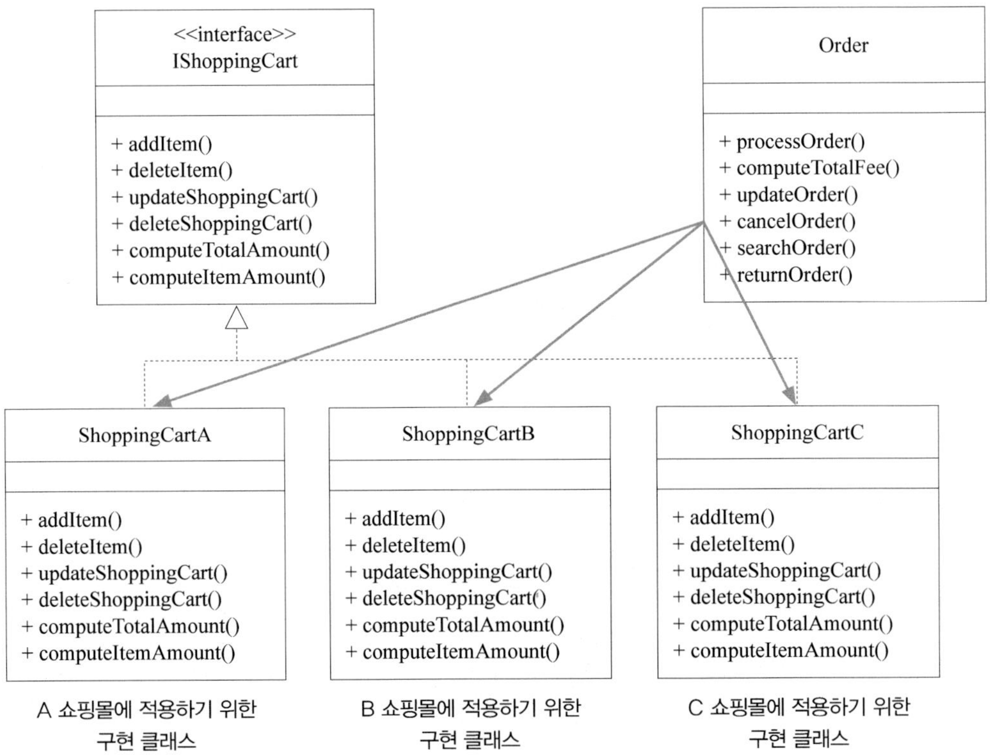


```
public class Order  {
    …
    IShoppingCart cart = ShoppingCartFactory.getInstance();
    cart.addItem(item);
    …
}
```

그림 10-13. 인터페이스의 구현 클래스의 간접 호출 구현

참고

인터페이스(interface)와 추상클래스(abstract class)

- **자바의 인터페이스**
  - 스펙이 동일한 다양한 클래스를 정의하기 위한 도구
  - 'interface' 키워드를 사용하여 인터페이스 정의
  - 함수의 시그니처만 존재하며 함수 구현부가 없는 함수로만 구성
  - 인터페이스의 모든 함수는 구현 클래스에서 반드시 구현되어야 함
  - 인터페이스의 구현 클래스는 'implements' 키워드를 사용함

```
Interface test_IF {
  void testFun1(int a);
  String testFun2();
}
Class test_Impl implements test_IF {
  Void testFun1(int a) { … }
  String testFun2() { … }
}
```

- **자바의 추상 클래스**
  - 자식 클래스에서 반드시 구현되어야 하는 스펙을 정의하기 위한 도구
  - 'abstract' 키워드를 사용하여 추상클래스 정의
  - 함수의 시그니처만 존재하며 함수 구현부가 없는 추상함수가 1개 이상 존재함 (해당 추상함수는 'abstract' 키워드를 사용함)
  - 추상클래스의 모든 추상함수는 자식 클래스에서 반드시 구현되어야 함
  - 추상클래스는 상속을 이용하므로 'extends' 키워드를 사용함

```
abstract test_Abst {
  abstract void testFun1(int a);
  String testFun2() { … }
}
Class test_sub extends test_Abst {
  Void testFun1(int a) { … }
}
```

요약

❶ 인터페이스는 의사소통을 위한 물리적,가상적 매체이다.

❷ 인터페이스는 특정 기능을 수행하기 위해 선언된 함수들의 집합이다.

❸ 인터페이스는 소프트웨어 서비스에 대한 명세이다.

❹ 인터페이스는 함수의 선언만 표현한다.

❺ 인터페이스는 객체를 생성할 수 없다.

❻ 인터페이스는 클래스와 상속 관계를 맺을 수 없다.

❼ 인터페이스는 변수를 포함할 수 없다.

❽ 인터페이스는 명세와 구현을 분리할 수 있다.

❾ UML에서는 클래스 표기에 ‘〈〈interface〉〉’라는 스테레오 타입을 명세하여 인터페이스를 정의한다.

❿ Java 언어에서는 ‘interface’ 예약어를 사용하여 인터페이스를 정의하며, 정의된 인터페이스는 클래스가 ‘implements’ 예약어를 사용하여 인터페이스에 선언된 함수들을 구현해야 한다.

연습 문제

1. 인터페이스의 개념에 대해 정의하시오.

2. 인터페이스의 특징에 대해 정의하시오.

3. UML을 이용하여 인터페이스를 표기하시오.
(인터페이스는 "IShoppingCart", 구현 클래스는 "ShoppingCart" 임)

4. 위의 인터페이스에 대한 UML 표기를 자바 코드로 정의하시오.

실습 문제

1. 온라인 뱅킹 시스템의 클래스 설계에서 계좌 클래스에 대해 인터페이스 개념을 이용하여 설계하시오.

- **계좌 클래스의 인터페이스 요구 사항**

> 인터페이스 : 계좌 클래스
> 계좌 인터페이스의 함수 : 입금(), 출금(), 이체(), 잔액계산()
> 구현 클래스 : 일반계좌, 정기예금계좌, 자산관리계좌(CMA,Cash Management Account),
> 증권예탁계좌

2. 온라인 뱅킹 시스템의 계좌 인터페이스 설계에 적용된 자바 코드를 정의하시오. 각각의 구현 클래스 함수 구현부에 대한 요구사항은 다음과 같다.

- **계좌 인터페이스에 대한 구현 클래스의 함수 요구사항**

> 모든 구현 클래스의 입금() 함수 구현부 : 출력값 없음
> 모든 구현 클래스의 출금() 함수 구현부 : return 0;
> 모든 구현 클래스의 이체() 함수 구현부 : return true;
> 모든 자식 클래스의 잔액계산() 함수 구현부 : return true;

Chapter

11

다형성

학・습・목・표

다형성에 대한 개념을 이해한다.

다형성의 특성을 이해한다.

UML에서의 다형성을 위한 메커니즘을 이해한다.

자바 언어에서의 다형성 장치를 이해한다.

목・차

01 다형성의 개념

이 절 에서는 객체지향 핵심 개념 가운데 하나인 다형성에 대해 살펴보기로 한다.

1.1 다형성의 정의

다형성(Polymorphism)이란 “여러 개의 형태를 가진다”는 의미의 그리스어에서 유래된 말로서 특정한 심벌이나 연산자에 대해 상황이 다르면 그 의미도 다르게 부여할 수 있는 특성을 말한다. 연산자의 경우 예를 들면, 플러스 기호(+)는 일반적으로는 두 수를 더하라는 의미로 사용되지만, 불린 검색에서는 논리 연산인 “and”를 의미한다. 이와 같은 경우를 객체지향 언어에서는 연산자 오버로딩(Operator Overloading)이라는 용어로 다형성을 표현한다.

● 다형성은 특정 심벌이나 연산자에 대해 상황별로 의미를 달리 부여하는 장치이다.

객체지향에서는 이러한 다형성을 오버로딩(Overloading 혹은 중첩)과 오버라이딩(Overriding 혹은 재정의) 두 가지 형태를 모두 포함하고 있다. 오버로딩은 다시 연산자 오버로딩과 함수 오버로딩(Function Overloading)으로 분류하고 있다.

연산자 오버로딩이란 특정 연산자가 상황에 따라 연산자의 의미나 용도가 달리 쓰이는 현상을 말한다. 예를 들어, 앞서 설명한 플러스 연산자(+)가 산술 연산의 경우에서는 두 수의 값을 더하는 덧셈의 의미로 사용되고, 문자열과 문자열 사이에 놓일 경우에는 덧셈이 아닌 문자열을 연결시키는 연결자로서의 의미로 사용되는 경우이다.

함수 오버로딩이란 동일 이름의 함수가 상황에 따라 달리 반응하는 현상을 말한다. 함수 오버로딩은 두 종류의 형태로 정의될 수 있다. 하나는 한 클래스 내에서의 함수 오버로딩이고, 다른 한 경우는 상속 구조에서의 함수 오버로딩이다.

한 클래스 내에서의 함수 오버로딩은 [그림 11-1]과 같이 한 클래스 내에서 동일 이름의 함수가 여러 번 중복 정의되어 있는 경우를 말한다. 이 경우는 몇가지 제약사항이 있다. 첫째는 함수의 명은 동일해야 한다. 둘째는 중복 정의되는 함수의 매개 변수 개수나, 매개 변수 타입이 달라야 한다. 의 경우를 보면, 함수 f1()이 오버로딩되어 있다. 이 경우 f1() 함수는 매개 변수가 없는 f1(), 매개 변수가 1

개인 f1(), 그리고 매개 변수 타입이 다른 f1()으로 3번 오버로딩되어 있다.

```
class function_overloading {
        int x,y;
        double a,b;
        public void f1() {
           x=10;
           y=10;
        }
        public void f1(int a) {
            x=10+a;
            y=10;
        }
        public void f1(double c, double d) {
            a = c;
            b = d;
        }
}
```

그림 11-1. 한 클래스 내에서의 함수 오버로딩

상속 구조에서의 함수 오버로딩은 두개 이상의 클래스들이 동일한 메시지에 대해 각각 자신의 방식대로 반응하는 것을 말한다. 이 경우는 [그림 11-2]와 같이 상속 구조에서 부모 클래스가 추상 클래스이며, 추상 클래스에 정의된 함수는 추상 함수 형태를 취한다. 부모 클래스인 Instrument가 추상 클래스이며, 이 클래스 내에 play()라는 추상 함수가 정의되어 있다. 따라서 Instrument 추상 클래스는 play() 함수에 대한 어떠한 구현도 없다. 즉, 악기별로 연주하는 방식이 다르기 때문에 하위 클래스인 각각의 악기에서 play()라는 함수를 통해 연주 방식을 구현하는 것이다. 이처럼 함수 play()가 각각 서브 클래스들에서 서로 다르게 구현되어 있기 때문에 실제 특정 객체의 play() 함수가 호출되는 경우는 프로그램 실행 시간에 결정된다. 이러한 의미에서 다형성을 동적 바인딩(Dynamic Binding 혹은 Late Binding)이라고도 한다. 또한 이 경우는 한 클래스 내의 함수 오버로딩과 달리 오버로딩되는 모든 함수의 명칭과 매개 변수 개수 및 타입이 동일해야 한다.

```java
abstract class Instrument {
      …
      public abstract void play();
      …
}
class piano extends Instrument{
      public void play() {
          System.out.println("playing piano…");
      }
}
class drum extends Instrument{
      public void play() {
          System.out.println("playing drum…");
      }
}
class flute extends Instrument {
      public void play() {
          System.out.println("playing flute…");
      }
}
```

그림 11-2. 상속구조에서의 함수 오버로딩

다형성의 세 번째 형태가 함수 오버라이딩(혹은 함수 재정의)이다. 이 함수 오버라이딩은 상속 구조에서만 일어난다. 상속 구조에서의 함수 오버로딩과의 차이점은 함수 오버로딩은 부모 클래스가 추상 클래스이고, 추상 함수에 대해서 오버로딩이 일어나는 것이다. 그러나 함수 오버라이딩은 [그림 11-3]과 같이 상속 구조에서 부모 클래스가 추상 클래스이든지 일반 클래스이든지 상관이 없으며, 부모 클래스 내에 구현된 함수에 대해서 함수명만 상속받고 함수 구현은 서브 클래스들에서 각각 재정의하는 것을 말한다.

```
class Arc {
        void draw( ) {
            System.out.println("Drawing arc....");
        }
void erase( ) {
            System.out.println("Erasing arc....");
        }
}
class Oval extends Arc {
        void draw( ) {
           System.out.println("Drawing oval....");
        }
        void erase( ) {
            System.out.println("Erasing oval....");
        }
}
class Circle extends Arc {
        void draw( ) {
           System.out.println("Drawing circle...");
        }
        void erase( ) {
           System.out.println("Erasing circle...");
        }
}
```

그림 11-3. 함수 재정의

⊖ 객체지향 개념

다형성의 개념

1. 다형성은 특정 심벌이나 연산자에 대해 상황별로 의미를 달리 부여하는 장치이다.
2. 다형성은 오버로딩과 오버라이딩으로 분류된다.
3. 다형성을 동적 바인딩이라고 한다.

⊕ UML

⊕ 자바

그림 11-4. 다형성의 개념

1.2 다형성의 특성

다형성은 다음과 같은 특성들을 지닌다.

그림 11-5. 다형성의 특성

❶ 코드의 재사용성을 높여준다.

다형성이 지원되지 않는 상황을 생각해 보자. 예를 들어, '+' 기호를 여러 가지 목적에 사용해야 한다고 가정했을 경우, 함수에 전달된 매개 변수(parameter)의 데이터형을 일일이 확인해서 매개 변수 유형이 '정수'이면 '덧셈'을 수행하는 함수를 호출하고, '문자열'이면 '문자열 연결'을 수행하는 함수를 호출하는 조건문을 프로그래머가 일일이 작성해야 한다. 만일 프로그램의 규모가 커지면 이러한 조건문이 등장하는 경우가 빈번히 발생할 뿐만 아니라 필요한 조건을 프로그래머가 코딩하는 것을 놓치는 경우가 발생할 수 있다. 따라서 결국 프로그램의 재사용성이 떨어진다. 이러한 부분을 다형성이 해결해 줌으로써 프로그램이 매우 간결해지며 복잡도 또한 떨어진다.

❷ 일관된 인터페이스를 제공한다(일관된 코드를 유지한다).

자바의 효율적인 다형성을 활용하기 위해서는 상속 구조를 통해 수퍼 클래스가 추상 클래스나 인터페이스 형태를 취하는 것이 바람직하다. 이렇게 함으로써 하위 서브 클래스들이 수퍼 클래스에 종속되는 것을 피할 수 있다. 그리고 수퍼 클래스에는 간단히 함수 선언 정도만 다루고, 하위 서브 클래스들은 상세한 함수 구현을 해야 한다. 이를 다른 말로 "인터페이스에 프로그램한다"라고 한다. 이렇게 되면 이 클래스를 접근하는 다른 객체들은 하나의 통로(인터페이스 메소드나 추상 메소드)로 다양한 유형의 객체들을 접근할 수 있다. 즉, 외부 객체는 해당 메소드를 구현하는 객체들이 누군지 일일이 신경쓰지 않고도 하나의 메소드로 여러 유형의 객체들을 동적으로 사용할 수 있다. 예를 들어, 우리가 워드 프로세서를 사용하면서 파일을 출력해야 할 경우를 생각해 보자. 이 경우, 우리는 어떤 프린터가 연결되었는지 신경 쓸 필요없이, 인쇄 버튼 하나로 그때 시스템에 연결된 프린터를 동적으로 접근하여 인쇄할 수 있다. 우리는 파일을 인쇄하기 위해 연결된 프린터에 따라 달리 메소드를 호출할 필요가 없는 것이다.

❸ 모듈화를 높여준다.

다형성을 사용하게 되면 유사한 처리를 여러 개로 모듈화하여 처리해야 할 때 매우 중요하고 편리하게 사용할 수 있다. 예를 들어, 한 클래스 내에서 객체를 생성하는 생성자 함수를 매개 변수의 개수나 유형에 따라 달리 여러 개 정의할 수 있다. 이 경우, 생성자 함수이므로 객체를 생성하는 기능을 갖기 때문에 동일한 처리일 수 있다. 그러나, 다형성이 없으면, 함수의 이름을 각각 달리 정의해야 하지만, 다형성을 통하면 동일한 이름의 함수로 하되 매개 변수의 개수나 유형만 달리 표현하면 된다.

```
class Customer {
   …
   public Customer() {…}
   public Customer(String name) {…}
   public Customer(String name, String pwd) {…}
   …
}
```

그림 11-6. 다형성을 통한 모듈화

02 UML에서의 다형성

다형성은 한 클래스 또는 상속 구조의 클래스들 간의 함수에 대한 정의를 설계한다.

2.1 다형성 표기법

한 클래스 내에서 함수의 다형성을 설계하는 방법은 [그림 11-7]과 같이 함수명이 동일하고 매개변수의 개수나 타입을 다르게 설계할 수 있다. 이와 같은 함수의 다형성을 함수 오버로딩이라고 한다.

객체지향 개념

다형성의 개념

1. 다형성은 특정 심벌이나 연산자에 대해 상황별로 의미를 달리 부여하는 장치이다.
2. 다형성은 오버로딩과 오버라이딩으로 분류된다.
3. 다형성을 동적 바인딩이라고 한다.

UML

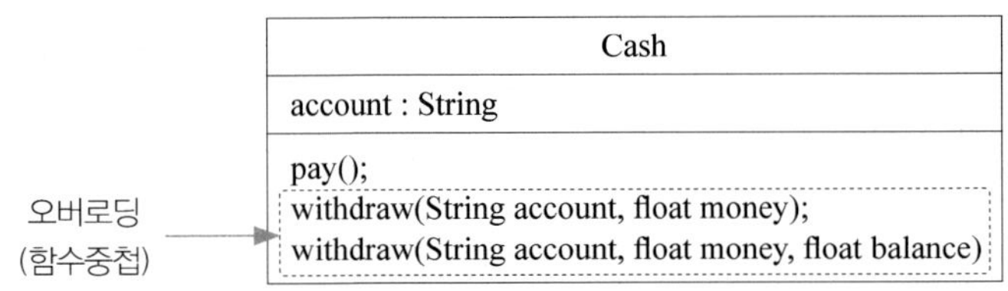

(가) 다형성(함수 오버로딩) 설계

자바

그림 11-7. 다형성(함수 오버로딩) 설계

오버로딩의 다른 형태는 여러 클래스 내에 동일한 함수가 실행 시점에 결정되는 동적바인딩 방식이다. [그림 11-8]과 같이 추상클래스의 추상함수 'pay()' 는 서브 클래스 'Cash', 'CreditCard', 'Point' 의 'pay()' 로 실행 시에 바인딩된다. 이와 같이 실행 시에 동적으로 바인딩되는 것은 일관된 인터페이스를 통해 다양한 서비스를 제공할 수 있는 다형성의 특징이다.

객체지향 개념

다형성의 개념

1. 다형성은 특정 심벌이나 연산자에 대해 상황별로 의미를 달리 부여하는 장치이다.
2. 다형성은 오버로딩과 오버라이딩으로 분류된다.
3. 다형성을 동적 바인딩이라고 한다.

UML

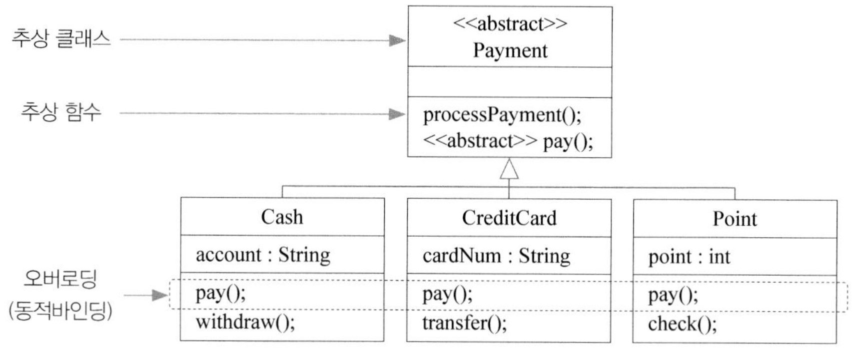

(가) 다형성(오버로딩) 설계

자바

그림 11-8. 다형성(오버로딩(동적바인딩)) 설계

다형성의 오버라이딩은 [그림 11-9]와 같이 상속 구조에서 슈퍼 클래스에서 정의한 함수를 서브 클래스에서 각 클래스의 특징에 맞게 재정의하는 것을 의미한다. 쇼핑몰에서 지불처리 방식이 현금, 신용카드, 포인트 방식일 때 각각 다르기 때문에 'processPayment()' 내의 알고리즘을 각각 정의할 수 있다.

객체지향 개념

다형성의 개념

1. 다형성은 특정 심벌이나 연산자에 대해 상황별로 의미를 달리 부여하는 장치이다.
2. 다형성은 오버로딩과 오버라이딩으로 분류된다.
3. 다형성을 동적 바인딩이라고 한다.

UML

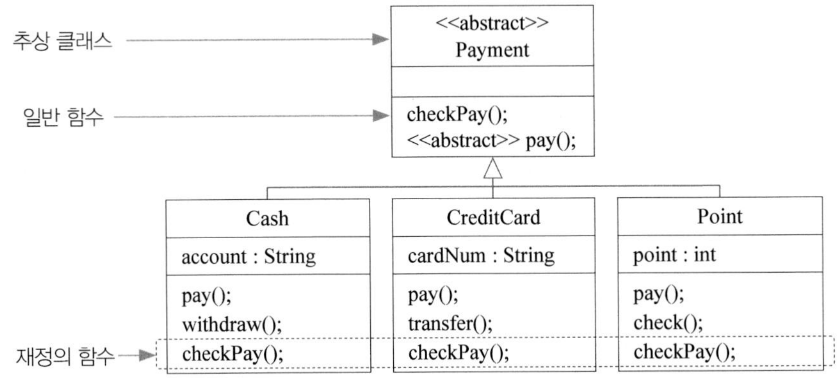

자바

그림 11-9. 다형성(오버라이딩) 설계

03 자바에서의 다형성

다형성의 자바 구현은 한 클래스나 상속 구조의 클래스 내의 함수를 중첩하거나 재정의하는 것이다.

3.1 다형성 구현

다형성의 함수 오버로딩 구현은 [그림 11-10]과 같이 매개 변수의 개수에 따라 인출처리 방식이 다르게 함수를 구현할 수 있다. 본 예제는 매개 변수의 개수가 다른 경우이지만 매개 변수의 타입이 다른 경우에도 함수 오버로딩이 성립될 수 있다.

객체지향 개념

다형성의 개념

1. 다형성은 특정 심벌이나 연산자에 대해 상황별로 의미를 달리 부여하는 장치이다.
2. 다형성은 오버로딩과 오버라이딩으로 분류된다.
3. 다형성을 동적 바인딩이라고 한다.

UML

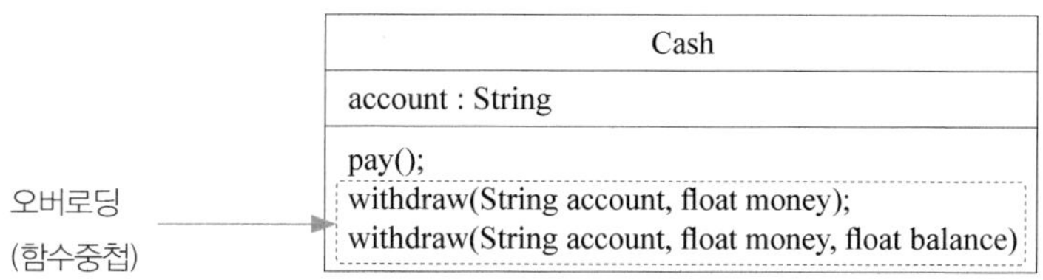

(가) 다형성(함수 오버로딩) 설계

자바

```
public class Cash          extends  Payment {
    public void pay() { … }

    public void withdraw(String account, float money)                 {  // 인출 처리 방식 A… }
    public void withdraw(String account, float money, float balance) {  // 인출 처리 방식 B… }
```

오버로딩(함수중첩)

(나) 다형성(함수 오버로딩) 구현

그림 11-10. 다형성(함수 오버로딩) 구현

다형성의 동적 바인딩 구현은 [그림 11-11]과 같이 추상함수에서 정의된 추상함수 'pay()'를 서브 클래스인 'Cash'의 'pay()' 함수에 구현하므로 동적으로 서브 클래스의 함수를 사용할 수 있다.

객체지향 개념

다형성의 개념

1. 다형성은 특정 심벌이나 연산자에 대해 상황별로 의미를 달리 부여하는 장치이다.
2. 다형성은 오버로딩과 오버라이딩으로 분류된다.
3. 다형성을 동적 바인딩이라고 한다.

UML

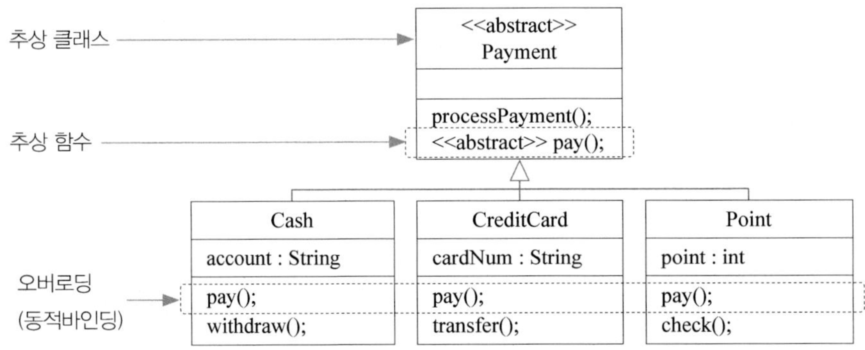

(가) 다형성(오버로딩) 설계

자바

추상 클래스 → / 추상 함수 → / ← 추상 함수 (구현되지 않음) / ← 추상 함수에 대한 구현 함수

```
public  abstract  class Payment  {
    public static void processPayment (Payment p) { p.pay(); … }
    public  abstract  void pay();
public class Cash          extends  Payment {
    public withdraw() { … }
    public void pay() {  /* cash 지불 알고리즘 구현 */  }
```

(나) 다형성(함수 오버로딩) 구현

그림 11-11. 다형성(오버로딩(동적 바인딩)) 구현

동적 바인딩은 이기종의 클래스들이 동일한 함수를 제공하는 것이다. 이러한 동일한 함수들은 서로 방식으로 구현되어 서로 다른 서비스를 제공한다. [그림 11-12]와 같이 'CreditCard', 'Cash', 'Point' 클래스들은 동일함수 'pay()'에 대해 서로 다른 방식으로 구현하여 정의하므로 서로 다른 서비스를 제공할 수 있다. 그림 [그림 11-13]은 단일 인터페이스를 통해 동적으로 바인딩되는 사례를

나타낸다. 'processPayment' 함수가 'Payment' 추상클래스를 입력으로 받아 'pay()' 함수를 호출하지만, 실제로는 'Payment' 추상클래스의 서브 클래스인 'CreditCard', 'Cash', 'Point' 클래스가 입력되어 해당클래스의 'pay()' 함수를 호출한다. 이와 같이 실행 시점에 결정되어 호출되므로 동적 바인딩이라고 한다. 이와 같은 다형성의 동적 바인딩은 소프트웨어의 유연성을 향상시켜 재사용성을 증가시킨다.

```
public class CreditCard extends Payment {
    public void pay() {
        // 신용카드 지불방식
    }
}
public class Cash extends Payment {
    public void pay() {
        // 현금 지불방식
    }
}
public class Point extends Payment {
    public void pay() {
        // 포인트 지불방식
    }
}
```

그림 11-12. 동적 바인딩을 위한 동일함수 구현

```
public abstract class Payment  {
    public static void processPayment(Payment p) {
        p.pay();
    }
    public abstract void pay();
}
```

그림 11-13. 동적 바인딩

다형성의 오버라이딩은 상속 구조에서 슈퍼클래스의 함수를 서브클래스에서 재정하여 구현하는 것으로 [그림 11-14]와 같이 'Payment' 슈퍼클래스의 'checkPay()' 함수를 서브클래스인 'Cash'에서 현금지불에 대한 체크 방식으로 재정의하여 구현할 수 있다. 이렇게 오버라이딩하여 선언된 함수는 클래스의 선언에 따라 'Payment' 클래스의 'checkPay()' 함수나 'Cash', 'CreditCard', 'Point' 클래스의 'checkPay()' 함수를 호출할 수 있다.

객체지향 개념

다형성의 개념

1. 다형성은 특정 심벌이나 연산자에 대해 상황별로 의미를 달리 부여하는 장치이다.
2. 다형성은 오버로딩과 오버라이딩으로 분류된다.
3. 다형성을 동적 바인딩이라고 한다.

UML

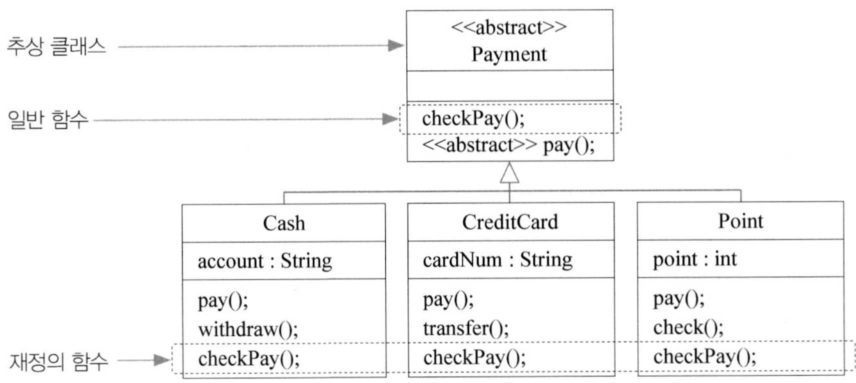

(가) 다형성(오버로딩) 설계

자바

추상 클래스 →

```
public  abstract  class Payment  {
   public boolean checkPay (String id) { // 지불 체크 }
   public  abstract  void pay();

public class Cash          extends  Payment {
   public void withdraw() { … }
   public boolean checkPay() {  // 현금지불 체크 구현 }
```

구체화 클래스 →

← 일반 함수 (지불체크 구현)

← 슈퍼 클래스의 함수 재정의

(나) 다형성(함수 오버로딩) 구현

그림 11-14. 다형성(오버라이딩) 구현

참고

정적 바인딩(Static Binding) & 동적 바인딩(Dynamic Binding)

- **정적 바인딩**
  - 컴파일 시에 호출될 함수가 결정(바인딩)
  - 실행 시에는 컴파일 시점에 결정된 함수를 호출

```
class A {
   void f1() }
class B {
   void f1() }
class Test {
   void test1() {
      A a = new A();
      a.f1();
      B b = new B();
      b.f1();
   }
}
```

- **동적 바인딩**
  - 컴파일 시에는 호출될 함수가 결정되지 않음
  - 실행 시에 호출될 함수가 결정(바인딩)
  - 추상함수를 구현한 구현클래스의 함수를 동적으로 호출

```
abstract class A {
   abstract void f1();
}
class B extends A {
   void f1() { … }
}
class C extends A {
```

계속

```
    void f1() { … }
}

public class Test{
    void test1( A a ) {
        a.f1();
        /* a.f1() 호출이 B 클래스의 f1() 함수일지 C 클래스의 f1() 일지는
         실행 시에 test1() 함수로 전달되는 클래스에 따라 동적으로 결정됨. */
    }
}
```

요약

❶ 인터페이스는 의사소통을 위한 물리적,가상적 매체이다.

❷ 인터페이스는 특정 기능을 수행하기 위해 선언된 함수들의 집합이다.

❸ 인터페이스는 소프트웨어 서비스에 대한 명세이다.

❹ 인터페이스는 함수의 선언만 표현한다.

❺ 인터페이스는 객체를 생성할 수 없다.

❻ 인터페이스는 클래스와 상속 관계를 맺을 수 없다.

❼ 인터페이스는 변수를 포함할 수 없다.

❽ 인터페이스는 명세와 구현을 분리할 수 있다.

❾ UML에서는 클래스 표기에 '〈〈interface〉〉' 라는 스테레오 타입을 명세하여 인터페이스를 정의한다.

❿ Java 언어에서는 'interface' 예약어를 사용하여 인터페이스를 정의하며, 정의된 인터페이스는 클래스가 'implements' 예약어를 사용하여 인터페이스에 선언된 함수들을 구현해야 한다.

연습 문제

1. 다형성의 개념에 대해 정의하시오.

2. 오버로딩(Overloading)과 오버라이딩(Overriding)에 대해 비교 설명하시오.

3. 다형성의 특징에 대해 설명하시오.

4. UML을 이용하여 다형성을 표기하시오.
(클래스 "Cash", 2개의 다형성 함수 "withdraw()", 입력 매개 변수가 각각 "String account, float money",와 "String account, float money, float balance" 임)

5. 위의 UML 표기를 자바 코드로 정의하시오.

실습 문제

1. 온라인 뱅킹 시스템의 계좌 클래스를 이용하여 다형성을 설계하시오.

- **계좌 클래스의 다형성 요구 사항 (계좌 클래스는 일반 클래스)**

다형성 함수 : 이체(이체금액),
이체(이체금액, 타행계좌),
이체(이체금액, 타행계좌, 타행명)

- **계좌 클래스의 자식 클래스들을 이용한 요구 사항**

자식 클래스 : 일반계좌,
정기예금계좌,
자산관리계좌(CMA,Cash Management Account),
증권예탁계좌
각 클래스의 다형성 함수 : 이체(이체금액, 타행계좌, 타행명)

Chapter

12

컴포넌트

학·습·목·표

컴포넌트에 대한 개념을 이해한다.

컴포넌트의 특성을 이해한다.

UML에서의 컴포넌트를 위한 메커니즘을 이해한다.

자바 언어에서의 컴포넌트 장치를 이해한다.

목·차

01 컴포넌트의 개념

이 절에서는 객체지향 핵심 개념의 발전된 개념인 컴포넌트에 대해 살펴보기로 한다.

1.1 컴포넌트의 정의

컴포넌트에 대한 정의는 다양하다. 그 이유는 컴포넌트가 재사용 단위라는 의미로 많이 사용되기 때문이다. 재사용이라는 측면을 넓은 의미로 보면 소프트웨어 개발에 있어서 재사용되는 모든 단위들은 컴포넌트라고 보는 것이다. 이런 의미에서의 컴포넌트는 재사용되는 문서, 재사용 모델, 재사용 테이블, 재사용 코드, 재사용 라이브러리 등 다양하다.

그림 12-1. 광의의 컴포넌트

그러나 본 절에서는 소프트웨어 개발에 있어서 하드웨어 컴포넌트(예: RAM, HDD, CPU, …)처럼 실제 소프트웨어 시스템 작동에 필요한 런타임 모듈(Runtime Module)의 성격을 가진 재사용 단위로서의 컴포넌트를 다루고자 한다. 이러한 좁은 의미에서의 컴포넌트에 대한 정의도 다양하게 표현되고 있다. 그러나 이것은 표현 방법의 차이일 뿐이지 개념에 대한 내용은 동일하다.

● 컴포넌트는 독립적이면서 물리적으로 교체 가능한 부품이다.

Rational 사의 Philippe Krutchen은 컴포넌트에 대한 정의를 다음과 같이 제시하였다. "컴포넌트는 잘 정의된 아키텍처 상에서 어떠한 기능을 수행하는 시스템의 독립적이면서 교체 가능한(Replaceable) 부품이다. 컴포넌트는 인터페이스들의 집합에 대한 물리적인 구현을 제공한다." 이 정의에서는 컴포넌트를 독립적 기능을 지닌 단위이면서, 물리적으로 구현이 완성된 형태로 제공이 되며, 이후에 언제든지 해당 컴포넌트를 다른 컴포넌트로 교체할 수 있는 부품으로 정의하고 있다.

컴포넌트는 동적으로 바인드될 수 있는 하나 이상의 모듈들에 대한 관리 패키지이다.

가트너(Gartner) 그룹은 "컴포넌트는 동적으로 바인드(Bind)될 수 있는 하나 이상의 모듈들을 하나의 단위로 관리하는 패키지로서, 실행 시간에 인터페이스를 통해 접근이 가능하다."라고 정의하고 있다. 이 정의에서 핵심 키워드는 동적 바인딩과 패키지이다. 컴포넌트가 동적으로 바인딩되기 위해서는 구현이 100% 완료된 상태를 말하며, 런타임 모듈이라는 뜻이다. 그리고 하나 이상의 모듈들에 대한 관리 패키지라는 표현은 컴포넌트 내에는 하나 이상의 클래스(모듈)들이 모여서 컴포넌트가 구성될 수 있는데 이를 재사용 단위로 배포할 때에는 하나의 독립적인 패키지 형태로 이루어지기 때문이다. 예를 들어, EJB의 경우에도 컴포넌트 하나에는 하나 이상의 클래스, 하나 이상의 인터페이스, 컴포넌트 스펙 등이 하나의 JAR 파일 형태로 압축한 후, EJB 컨테이너 및 서버에 배포하여 실행하게 된다. 이러한 의미에서 패키지라는 표현을 사용한 것이다.

컴포넌트는 명시된 인터페이스들과 컴포지션의 단위이다.

Component Software라는 책의 저자인 Szyperski는 "컴포넌트는 계약상으로(Contractually) 명시된 인터페이스들과 명확한 문맥 의존성을 가진 컴포지션(Composition)의 단위로서 독립적으로 보급될 수 있다"라고 정의하고 있다. 여기서 계약상으로 명시된 인터페이스라는 것은 표준화된 인터페이스 규정을 따른다는 것이다. 예를 들어, EJB 컴포넌트를 개발할 경우, 개발자들이 마음대로 컴포넌트를 개발하는 것이 아니라 EJB 컴포넌트를 개발하기 위해서는 홈 인터페이스(Home Interface)와 원격 인터페이스(Remote Interface) 혹은 로컬 인터페이스(Local Interface)를 정의해야 하고, 해당 인터페이스를 정의하는 규칙도 EJB 스펙에 규정된 규칙에 따라 작성해야 한다.

컴포넌트는 독립적인 비즈니스 객체 또는 비즈니스 로직을 구현한 것이다.

Kozaczynski는 "자발적인(Autonomous)" 비즈니스 객체 또는 비즈니스 로직을 소프트웨어로 구현한 것"을 컴포넌트로 정의하고 있다. 여기서 말하는 자발적이라는 의미는 독립적이라는 표현으로 대체 가능하다. 즉, 한 컴포넌트는 독립적인 업무 단위로 개발해야 이후, 교체를 하거나 재사용하기가 편리하기 때문이다. 여기서는 컴포넌트를 비즈니스 객체 또는 비즈니스 로직에 초점을 두고 정의를 내리고 있다. 그 이유는 실제 소프트웨어 시스템 개발에 있어서 재사용의 비율이 큰 부분이 비즈니스 로직 부분이다. 따라서 EJB 같은 경우에도 비즈니스 객체나 비즈니스 로직의 재사용 단위로 EJB 컴포넌트를 개발하도록 하고 있다. 물론 그렇다고 사용자 인터페이스와 관련된 컴포넌트들이 재사용 컴포넌트가 아니라는 뜻은 아니다.

객체지향 개념

컴포넌트의 개념

1. 컴포넌트는 독립적이면서 물리적으로 교체 가능한 부품이다.
2. 컴포넌트는 동적으로 바인드 될 수 있는 하나 이상의 모듈들에 대한 관리 패키지이다.
3. 컴포넌트는 명시된 인터페이스들과 컴포지션의 단위이다.
4. 컴포넌트는 독립적인 비즈니스 객체 또는 비즈니스 로직을 구현한 것이다.

UML

자바

그림 12-2. 컴포넌트의 개념

1.2 컴포넌트의 특성

본 절에서는 앞서 내린 정의들을 따르는 컴포넌트들이 갖는 특성들에 대해 살펴보고자 한다.

객체지향 개념

컴포넌트의 특성

1. 100% 구현되어 있어야 한다.
2. 스펙(Specification)이 있어야 한다.
3. 표준을 따라야 한다.
4. 패키징되어야 한다.
5. 독립적으로 배포 가능해야 한다.

UML

자바

그림 12-3. 컴포넌트의 특성

❶ 100% 구현되어 있어야 한다.

컴포넌트는 실행 시간에 동적으로 플러그 인 되기 위해서는 100% 구현되어 있어야 한다. 여기서 말하는 재사용 컴포넌트는 원시 코드 기반의 재사용이 아니다. 바이트 코드 기반의 재사용을 말한다. 하드웨어 컴포넌트의 경우와 동일한 원리이다. 예를 들어, 컴퓨터 조립 시 들어가는 부품들은 이미 제품이 완성된 형태의 부품들이다. 이와 동일한 원리이다.

❷ 스펙이 있어야 한다.

컴포넌트는 컴포넌트에 대한 스펙을 제공해야 한다. 즉, 컴포넌트 명세서를 말한다. 하드웨어 컴포넌트의 경우도 보면, 각각의 하드웨어 컴포넌트에 대한 설명서가 다 되어 있다. 마우스나 그래픽 카드 같은 컴포넌트들을 구매해 보면, 각 컴포넌트에 대한 제품 설명서가 제공된다. 여기에는 해당 컴포넌트에 대한 인터페이스 설명, 하드웨어 플랫폼 등에 대한 설명들이 기술되어 있다. 이와 마찬가지로 소프트웨어 컴포넌트의 경우도, 해당 컴포넌트를 사용자들에게 배포하거나 혹은 서버나 컨테이너에 배포하기 위해서는 컴포넌트 스펙이 제공되어야 한다. EJB의 경우를 보면 해당 컴포넌트에 대한 스펙이 디플로이먼트 디스크립터라는 형태로 제공하게 되어 있다.

❸ 표준을 따라야 한다.

컴포넌트 개발자들은 컴포넌트 개발 시, 임의대로 컴포넌트를 개발해서는 안 된다. 모든 컴포넌트는 컴포넌트 개발을 위한 표준 기술 아키텍처의 스펙에 따라 개발을 해야 한다. 따라서 컴포넌트 개발에 대표적인 기술 플랫폼으로 COM, EJB, CCM 등을 볼 수 있다. 각각의 기술 플랫폼에서 규정하는 개발 방식이 다르기 때문에 해당 기술에 기반을 둔 컴포넌트를 개발할 경우에는 해당 기술에 제시하는 규칙을 따라 개발해야 한다.

```
package ejb.examples;

import java.rmi.RemoteException;
import javax.ejb.CreateException;
import javax.ejb.EJBHome;

public interface OrderHome extends EJBHome {
       public IOrder create() throws CreateException,RemoteException;
}
```

홈 인터페이스

계속

```
package ejb.examples;

import java.rmi.RemoteException;
import javax.ejb.EJBObject;

public interface Order extends EJBObject {
        public void processOrder() throws RemoteException;
          public void computeTotalFee() throws RemoteException;
              ...
}
```

원격 인터페이스

그림 12-4. 클래스와 인터페이스 간의 상속 구조

예를 들어, EJB 컴포넌트를 개발하기 위해서는 홈 인터페이스(Home Interface)와 원격 인터페이스(Remote Interface) 또는 로컬 인터페이스(Local Interface)를 정의해야 하고, 각각의 인터페이스를 정의하기 위해서는 상속받아야 하는 인터페이스가 있다.

❹ 패키징되어야 한다.

컴포넌트는 독립적으로 배포되기 위해서는 패키지 형태로 묶여서 제공되어야 한다. 컴포넌트 자체가 재사용 단위이며, 해당 컴포넌트를 구성하는 요소들은 하나의 형태로 배포되어야 하기 때문이다. EJB의 경우에 있어서도 EJB 컨테이너에 배포되는 컴포넌트의 단위는 JAR 파일 형태로 제공된다. 해당 JAR 파일이 패키지인 것이다. 이 JAR 파일에는 컴포넌트의 인터페이스, 컴포넌트 구현 클래스, 컴포넌트 명세서 등이 포함되어 있다.

❺ 독립적으로 배포 가능해야 한다.

우리가 그래픽 카드를 구매할 때, 마우스, 보드, CPU를 함께 같이 구매해야 하는 것은 아니다. 즉 각각의 컴포넌트를 별도로 구매 가능하며, 판매자 입장에서 독립적으로 판매 혹은 배포가 가능한 것이다. 이처럼 소프트웨어 컴포넌트도 독립적으로 배포가 가능해야 한다. 예를 들어 전자 상거래 쇼핑몰 구축에 필요한 컴포넌트들을 각각 구매 가능할 뿐만 아니라, 여러 다른 회사에서 개발한 컴포넌트들을 독립적으로 구매하여 조립이 가능해야 한다. 또한 컴포넌트는 컴포넌트 컨테이너 혹은 서버에 독립적으로 배포가 이루어져야 한다. 해당 컴포넌트 하나 자체 만으로는 전체 애플리케이션이 아니기 때문에 하나의 애플리케이션이 수행되기 위해서는 독립적인 컴포넌트들이 서버나 컨테이너에 배포되어야 애플리케이션이 실행된다.

02 UML에서의 컴포넌트

컴포넌트에 대한 설계는 UML의 컴포넌트 다이어그램(Component Diagram)과 내부 구조를 설계하기 위해 복합구조 다이어그램(Composite Structure Diagram)을 이용하여 설계할 수 있다.

2.1 컴포넌트 표기법

컴포넌트 설계는 [그림 12-5]와 같이 컴포넌트와 인터페이스로 구성되며 인터페이스는 원으로 표기하지만 클래스 다이어그램에서 표기되는 인터페이스를 사전에 설계해야 한다.

컴포넌트의 정의에서 교체 가능한 부품으로 컴포넌트는 인터페이스와 동일하면 컴포넌트 교체가 가능하며 'OnlineOrder' 컴포넌트는 'OnlineOrderX'로 교체 가능하도록 인터페이스를 동일하게 설계할 수 있다. 이렇게 인터페이스가 동일한 컴포넌트는 해당 컴포넌트가 운영되는 아키텍처에서 동적으로 바인드되어 교체가 가능하다.

객체지향 개념

컴포넌트의 개념

1. 컴포넌트는 독립적이면서 물리적으로 교체 가능한 부품이다.
2. 컴포넌트는 동적으로 바인드 될 수 있는 하나 이상의 모듈들에 대한 관리 패키지이다.
3. 컴포넌트는 명시된 인터페이스들과 컴포지션의 단위이다.
4. 컴포넌트는 독립적인 비즈니스 객체 또는 비즈니스 로직을 구현한 것이다.

UML

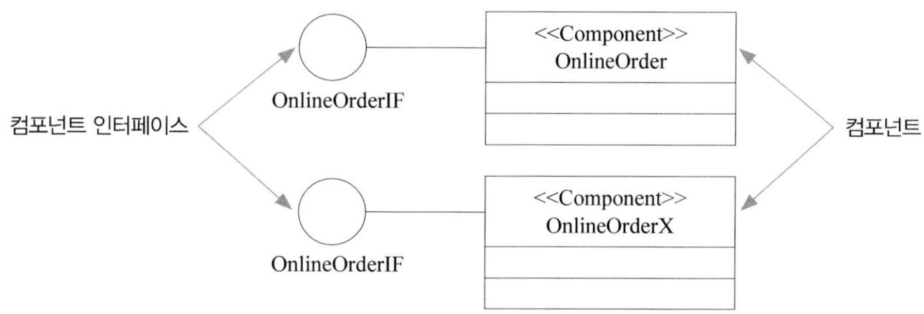

(가) 컴포넌트 설계 (교체 가능한 부품, 동적 바인드)

자바

그림 12-5. 컴포넌트 설계

컴포넌트 내부 설계는 [그림 12-6]과 같이 컴포넌트를 구성하는 하나 이상의 클래스들의 관계 구조를 설계하는 것으로 하나의 컴포넌트 내부는 클래스 다이어그램을 통해 설계 가능하다. 또한 컴포넌트는 외부에 제공하는 위한 인터페이스를 컴포넌트 내부에 설계한다. 이러한 컴포넌트 인터페이스는 컴포넌트 내부의 기능 중에 외부에 제공해야 하는 기능들을 인터페이스로 정의하여 외부에 공개하도록 설계할 수 있다.

객체지향 개념

컴포넌트의 개념

1. 컴포넌트는 독립적이면서 물리적으로 교체 가능한 부품이다.
2. 컴포넌트는 동적으로 바인드될 수 있는 하나 이상의 모듈들에 대한 관리 패키지이다.
3. 컴포넌트는 명시된 인터페이스들과 컴포지션의 단위이다.
4. 컴포넌트는 독립적인 비즈니스 객체 또는 비즈니스 로직을 구현한 것이다.

UML

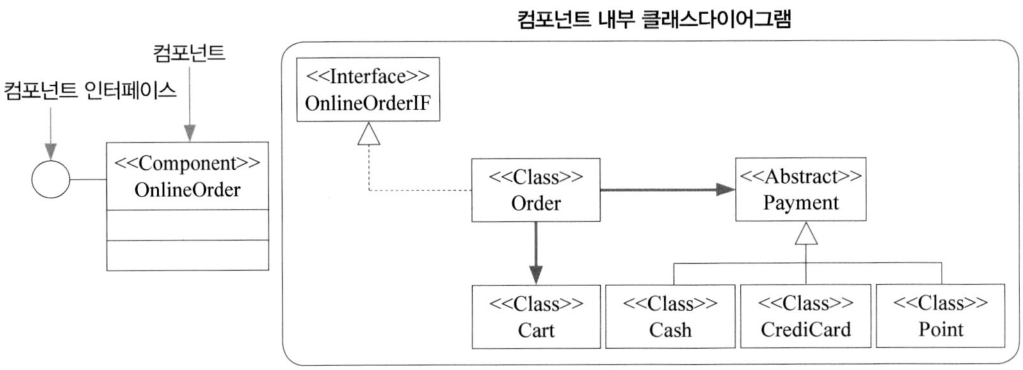

(가) 컴포넌트 설계 (패키지, 인터페이스와 컴포지션 단위)

자바

그림 12-6. 컴포넌트 내부 설계

객체지향 개념

컴포넌트의 개념

1. 컴포넌트는 독립적이면서 물리적으로 교체 가능한 부품이다.
2. 컴포넌트는 동적으로 바인드될 수 있는 하나 이상의 모듈들에 대한 관리 패키지이다.
3. 컴포넌트는 명시된 인터페이스들과 컴포지션의 단위이다.
4. 컴포넌트는 독립적인 비즈니스 객체 또는 비즈니스 로직을 구현한 것이다.

UML

컴포넌트 내부 복합구조 다이어그램

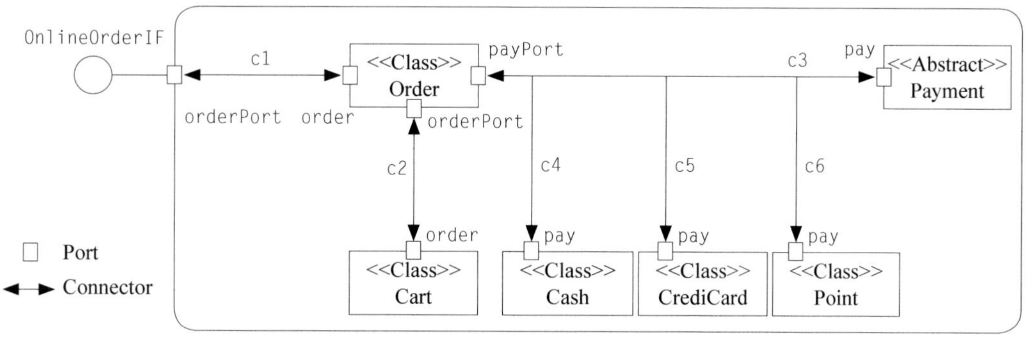

(가) 컴포넌트 설계 (패키지, 인터페이스와 컴포지션 단위)

자바

그림 12-7. 컴포넌트 내부 로직 설계

컴포넌트 내부 로직의 설계는 [그림 12-7]의 복합구조 다이어그램을 이용하여 설계할 수 있다. 컴포넌트 내부 클래스들 간의 기능적인 관계를 설계할 수 있으며, 클래스들 간에 호출하는 기능 정보를 설계할 수 있다. 특히, 복합 구조 다이어그램은 클래스에 대한 특정 시점의 객체 관계를 포트와 커넥터를 이용하여 설계할 수 있다. 이러한 컴포넌트 내부의 구조를 기반으로 순차도를 이용하여 기능 흐름을 설계할 수 있다.

03 자바에서의 컴포넌트

컴포넌트의 자바 구현은 클래스들을 패키지하여 하나의 컴포넌트를 구성할 수 있다.
또한 컴포넌트를 접근하기 위한 인터페이스를 패키지 내에 포함할 수 있다.

3.1 컴포넌트 구현

컴포넌트 자바 구현은 [그림 12-8]과 같이 EJB 아키텍처를 사용하지 않고도 일반 클래스 형태로 구현 가능하다.

객체지향 개념

컴포넌트의 개념

1. 컴포넌트는 독립적이면서 물리적으로 교체 가능한 부품이다.
2. 컴포넌트는 동적으로 바인드될 수 있는 하나 이상의 모듈들에 대한 관리 패키지이다.
3. 컴포넌트는 명시된 인터페이스들과 컴포지션의 단위이다.
4. 컴포넌트는 독립적인 비즈니스 객체 또는 비즈니스 로직을 구현한 것이다.

UML

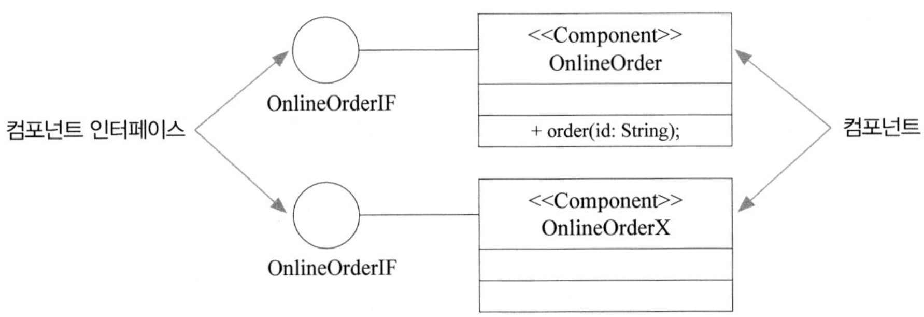

(가) 컴포넌트 설계 (교체 가능한 부품, 동적 바인드)

자바

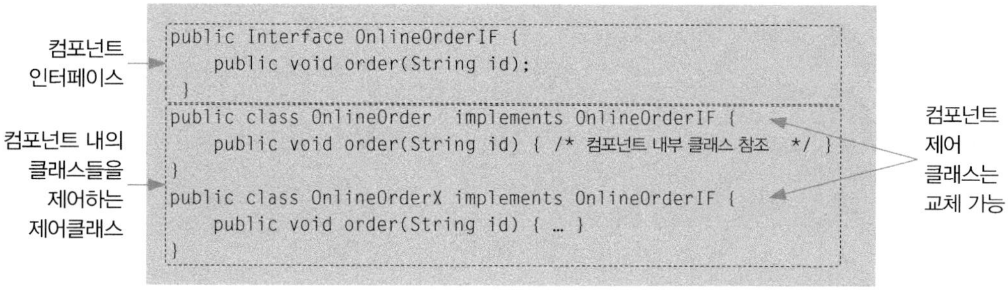

(나) 컴포넌트 구현 (교체 가능한 부품, 동적 바인드)

그림 12-8. 컴포넌트 구현

컴포넌트 인터페이스는 일반 자바 인터페이스를 이용하여 구현할 수 있으며, 내부 구조를 가지고 있는 컴포넌트 구현은 컴포넌트의 내부 클래스들을 패키징할 수 있는 클래스로 구현할 수 있다. 물론 물리적인 패키징은 Jar로 묶으며 컴포넌트 내부 클래스를 묶는 패키지 클래스는 내부 클래스들의 통합하여 제어하는 역할을 한다.

객체지향 개념

컴포넌트의 개념

1. 컴포넌트는 독립적이면서 물리적으로 교체 가능한 부품이다.
2. 컴포넌트는 동적으로 바인드될 수 있는 하나 이상의 모듈들에 대한 관리 패키지이다.
3. 컴포넌트는 명시된 인터페이스들과 컴포지션의 단위이다.
4. 컴포넌트는 독립적인 비즈니스 객체 또는 비즈니스 로직을 구현한 것이다.

UML

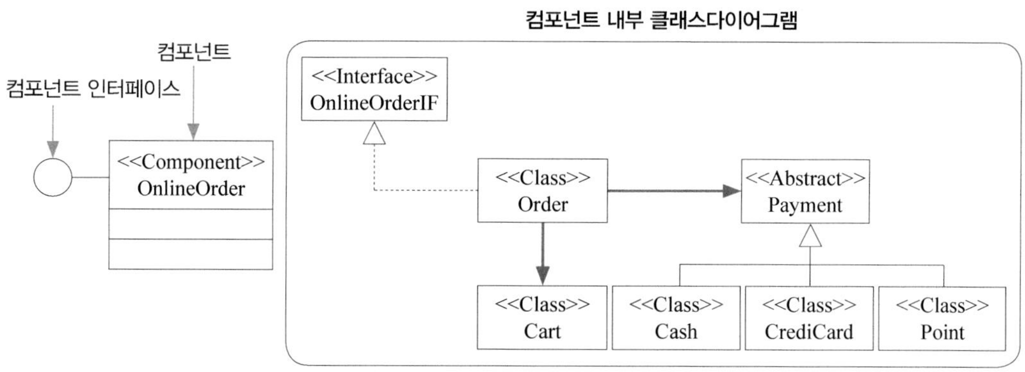

(가) 컴포넌트 설계 (패키지, 인터페이스와 컴포지션 단위)

자바

컴포넌트 제어클래스

```
public class OnlineOrder  implements OnlineOrderIF {
   ...
   /* 컴포넌트 내부 클래스인 Order, Cart, Payment, Cash, CreditCard, Point 를 제어함. */
}
```

컴포넌트 패키징

```
Jar cvf OnlineOrder.jar OnlineOrderIF.class OnlineOrder.class Order.class
          Cart.class Payment.class Cash.class CreditCard.class Point.class
```

(나) 컴포넌트 구현 (패키지, 인터페이스와 컴포지션 단위)

그림 12-9. 컴포넌트 패키지 구현

인터페이스와 컴포넌트 내의 클래스 단위로 패키지 하는 방법은 자바의 패키지 도구인 'Jar'를 이용하여 컴포넌트 패키지를 할 수 있다. Jar 뒤에 패키지 옵션을 'cvf'로 설정한 후 컴포넌트 패키지명과 컴포넌트 내부에 구현되는 인터페이스와 클래스들을 나열한다. 이렇게 구현된 'OnlineOrder.jar'는 하나의 독립된 컴포넌트로 재사용될 수 있다.

참고

Composite Structure Diagram

- **UML 2.0에 추가된 다이어그램**
- **컴포넌트 내부의 구조를 설계하기 위한 다이어그램**
- **구성 요소**
  - part : 컴포넌트 내부를 구성하는 객체
  - port : 컴포넌트(또는 Part)의 내부와 외부를 연결하는 인터페이스
  - connector : port(또는 인터페이스) 간의 통신 채널

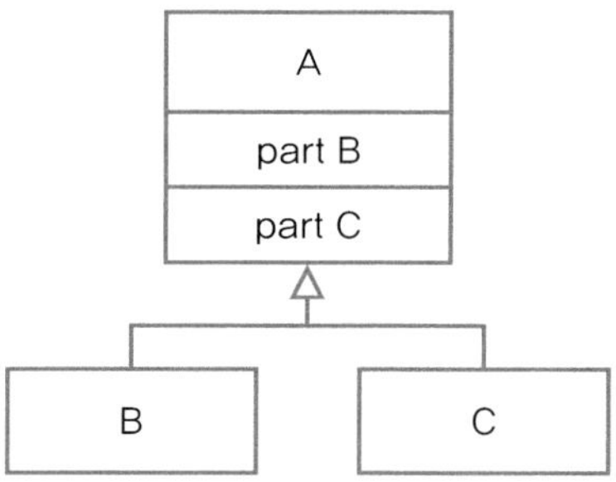

Class Diagram

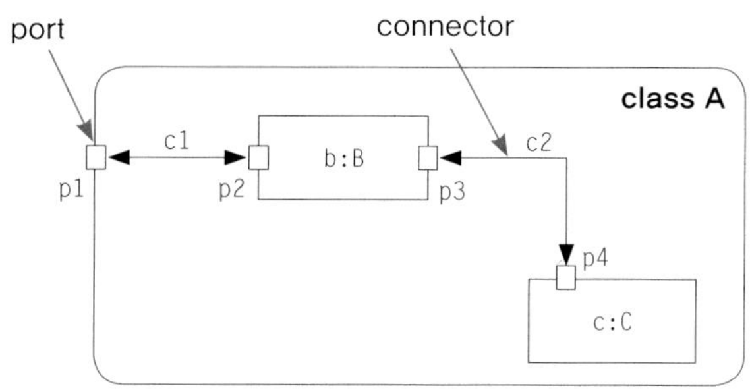

Composite Structure Diagram

요약

❶ 컴포넌트는 독립적이면서 물리적으로 교체 가능한 소프트웨어 부품이다.

❷ 컴포넌트는 동적으로 바인딩 될 수 있는 하나 이상의 모듈들에 대한 관리 패키지이다.

❸ 컴포넌트는 명시된 인터페이스들과 컴포지션의 단위이다.

❹ 컴포넌트는 독립적인 비즈니스 객체 또는 비즈니스 로직을 구현한 것이다.

❺ 컴포넌트는 100% 구현되어 있어야 하고, 스펙이 있어야 하고, 표준을 따라야 하며, 패키징되어 독립적으로 배포 가능해야 한다.

❻ 컴포넌트에 대한 설계는 UML의 컴포넌트 다이어그램(Component Diagram)과 내부 구조를 설계하기 위해 복합 구조 다이어그램(Composite Structure Diagram)을 이용하여 설계할 수 있다.

❼ Java 언어에서 컴포넌트 인터페이스는 일반 자바 인터페이스를 이용하여 구현할 수 있으며, 내부 구조를 가지고 있는 컴포넌트 구현은 컴포넌트의 내부 클래스들을 패키징할 수 있는 클래스로 구현할 수 있다.

연습 문제

1. 컴포넌트 개념에 대해 정의하시오.

2. 컴포넌트의 특징에 대해 설명하시오.

3. UML(ver 2.0)을 이용하여 컴포넌트를 표기하시오.
(컴포넌트 "OnlineOrder", 컴포넌트 인터페이스 "OnlineOrderIF", 인터페이스 함수 "order(String id)" 임)

4. 위의 UML 표기를 자바 코드로 정의하시오. 또한 컴포넌트의 내부 클래스인 OnlineOrderIF, OnlineOrder, Order, Cart, Payment, Cash, CreditCard, Point를 OnlineOrder.jar로 패키징하는 명령어를 정의하시오.

Chapter

13

설계 및 구현 환경 구축

학·습·목·표

설계 및 구현 환경을 이해한다.

설계 및 구현 환경을 구축한다.

목·차

01 설계 및 구현 환경 구축

이 절에서는 객체지향 기반의 설계 및 구현하기 위한 환경으로 JDK, 이클립스(Eclipse), 웹 서버, UML 설치 방법을 알아본다.

1.1 객체지향 설계 및 구현 요구 환경

객체지향 기반의 설계 및 구현을 위해 요구되는 환경은 다음과 같다.

- JDK
- 웹 서버
- 이클립스 (개발 IDE 도구)
- UML

각 환경에 대해 설치하는 과정을 살펴본다.

1.2 JDK 설치

JDK(Java SE Development Kit)으로 6.0 버전을 다운로드받아 설치한다. 다음의 사이트에서 다운로드 받을 수 있다.

http://java.sun.com/javase/download.jsp

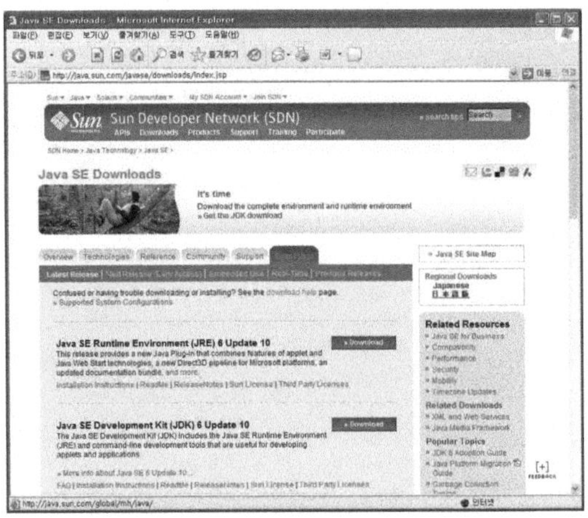

그림 13-1. JDK 다운로드 사이트

다운로드받은 다음의 파일을 실행한다.

```
jdk-6u21-windows-i586.exe
```

1.3 웹 서버 설치

본 교재에서는 웹 서버로 Apach Tomcat을 이용하며, 버전을 확인하여 다운로드 받아 설치한다. 다음의 사이트에서 다운로드받을 수 있다.

```
http://tomcat.apache.org/
```

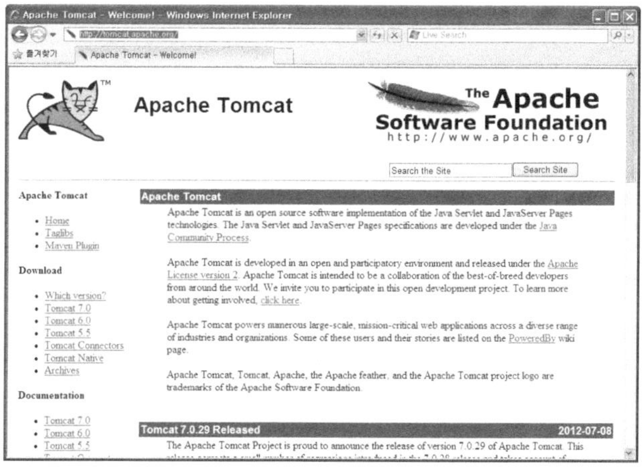

그림 13-2. Tomcat 다운로드 사이트

다운로드받은 다음 파일을 실행한다. 버전에 따라 실행 파일명은 다르다. 현재의 파일은 5.5 버전의 설치 파일이다.

```
apache-tomcat-5.5.27.exe
```

설치가 완료되면 성공적으로 설치되었는지를 확인해야 한다.

우선 윈도우 서비스에 등록되었는지 확인하고 서비스가 시작되었는지도 확인한다. 제어판의 관리도구/서비스에서 확인할 수 있다.

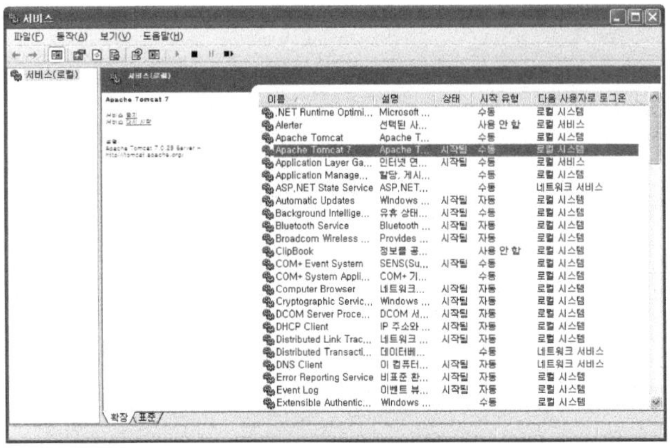

그림 13-3. 윈도우 서비스에 등록된 Tomcat 서버

서버가 문제없이 시작되었으면 웹 브라우저를 통해 웹 서버에 접근하여 문제없음을 확인한다. 다음의 URL로 접근한다.

```
http://localhost:8080/
```

다음의 화면이 나오면 웹 서버가 문제없이 설치된 것이다.

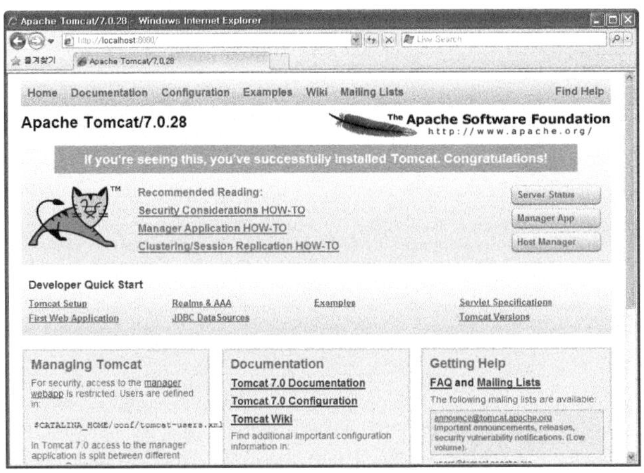

그림 13-4. Tomcat 서버의 홈 페이지

1.4 이클립스 설치

통합 개발 환경인 이클립스를 설치한다. 이클립스는 다음의 사이트에서 다운로드받을 수 있다. 버전을 확인한 후 원하는 버전을 다운로드받는다. 이 책에서는 helios 버전을 사용하였다.

http://eclipse.org/downloads/

그림 13-5. 이클립스 다운로드 사이트

다운로드받은 다음의 파일을 설치한다. 이클립스의 설치는 압축 파일을 푸는 것이다. 원하는 위치에 이클립스 압축 파일을 풀면 설치가 끝난다.

eclipse-jee-helios-win32.zip

환경 설정은 이클립스 실행 파일(eclipse.exe)을 시작할 때 설정된다.

이클립스를 실행하면 workspace를 지정하여 개발하는 소스를 관리하기 위한 폴더를 정의한다.

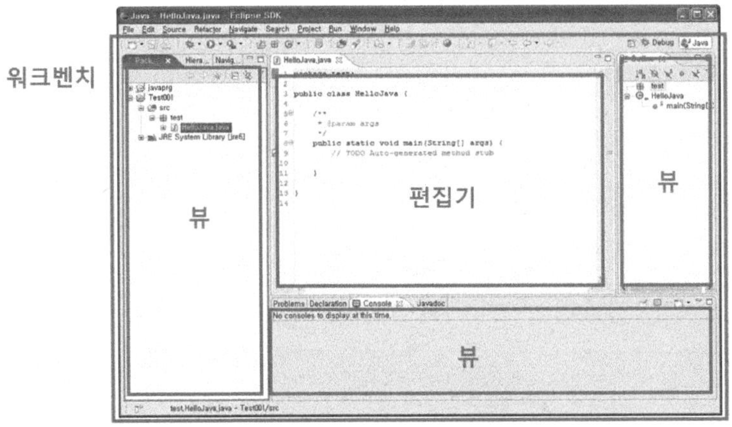

그림 13-6. 이클립스 화면 구성

실행된 이클립스 화면이며, 이클립스 전체화면을 워크벤치라고 한다. 워크벤치는 뷰와 편집기로 구성된다.

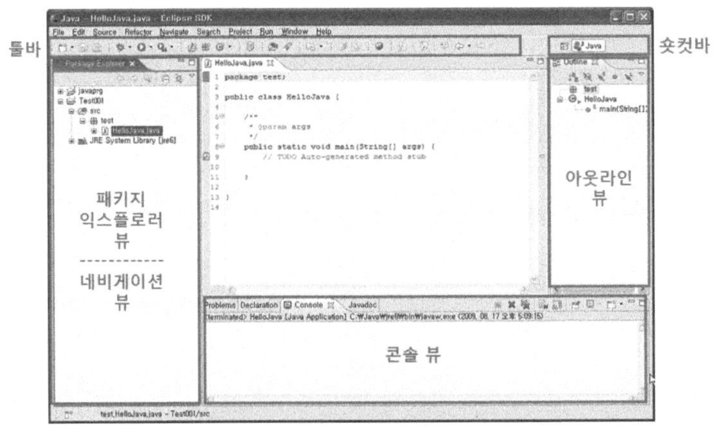

그림 13-7. 이클립스 화면 구성

툴바는 빠른 접근을 위한 메뉴들로 구성되며, 쇼컷바는 개발 환경 전환을 위한 메뉴이다. 패키지 익스플로러 뷰와 네비게이션 뷰는 생성되는 소스 코드나 실행 코드 파일을 관리하는 영역이다. 콘솔 뷰는 컴파일이나 실행 시 발생되는 결과나 오류를 표시한다. 아웃라인 뷰는 코드의 구조를 계층적으로 표현해 준다.

이클립스 환경에서 Java나 JSP 개발은 반드시 프로젝트를 생성해서 개발해야 한다.

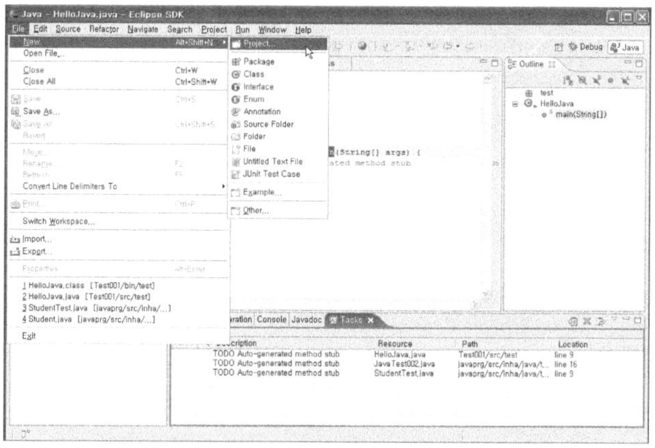

그림 13-8. 이클립스 기반 프로젝트 생성

이클립스는 코드 개발 시 자동으로 함수를 제공하며 이러한 기능을 code sensitive 기능이라고 한다. 클래스 명을 입력 한후 dot(.)을 입력하면 해당하는 클래스의 함수 리스트가 제공된다.

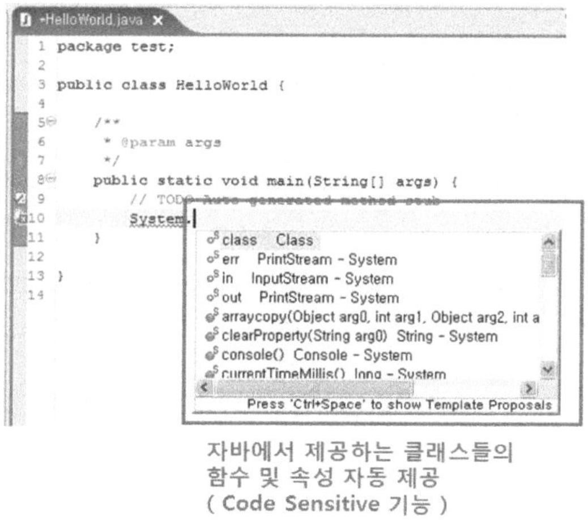

그림 13-9. 이클립스 코드 센스티브

이클립스 환경에서 컴파일은 저장(Ctrl + S)하면 자동으로 컴파일된다. [그림 13-10]에서와 같이 저장을 하면 컴파일 후에 오류를 빨간색 신호로 나타낸다.

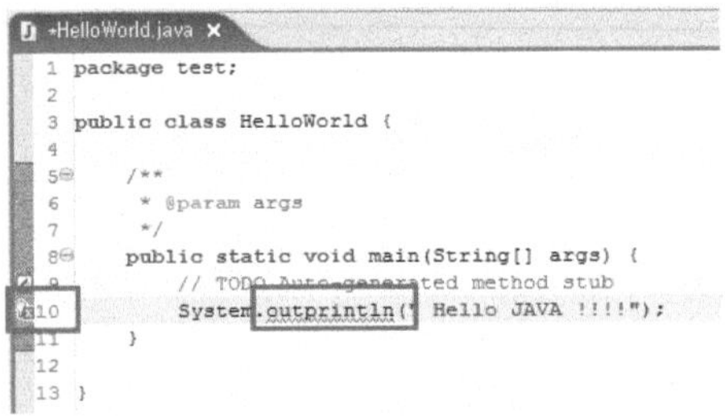

그림 13-10. 이클립스 기반 오류 시그널

이클립스 환경에서 Java와 JSP 모두 실행 가능하다.

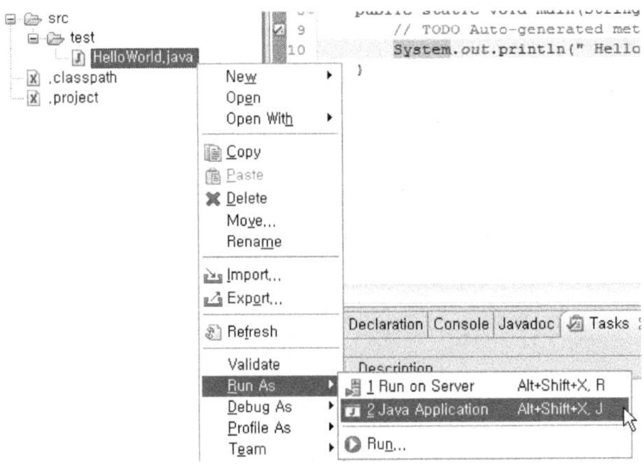

그림 13-11. 이클립스 기반 실행

1.4.1 이클립스 기반 JSP 개발

이클립스에서 개발은 기본적으로 프로젝트 단위로 생성하여 소스를 개발하므로 프로젝트를 먼저 생성해야 한다. JSP 페이지는 HTML 페이지와 다르게 동적인 처리를 해야 하므로 동적 웹 페이지를 개발하기 위한 프로젝트를 생성해야 한다.

이클립스를 실행하면 파일을 저장하기 위한 작업 영역을 지정한다.

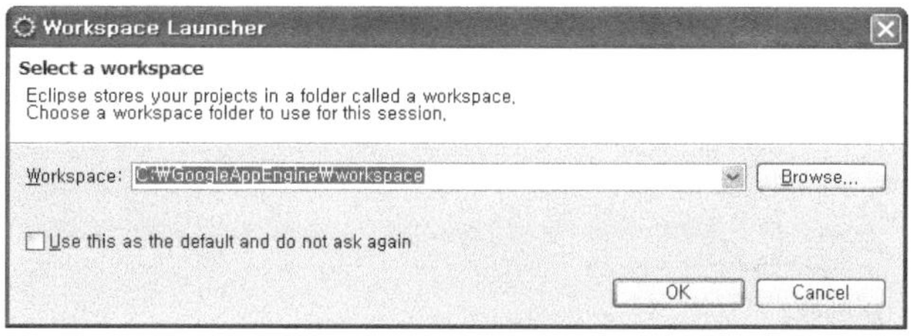

그림 13-12. 이클립스 실행

이클립스가 실행되면서 요구되는 플러그 패키지를 로드하거나 설정을 진행한다.

그림 13-13. 이클립스 실행

JSP 개발을 위해 Dynamic Web Project를 생성한다.

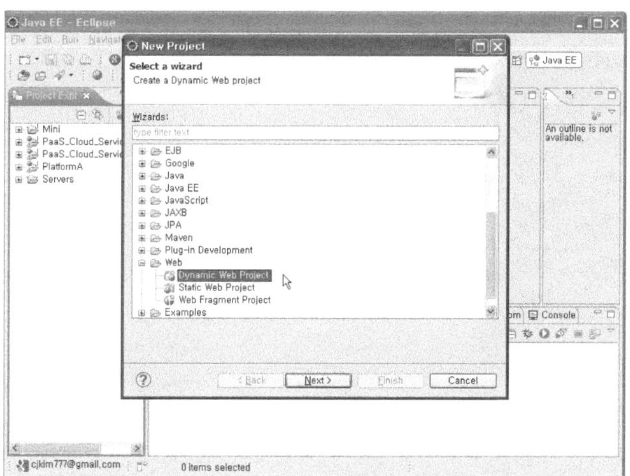

그림 13-14. 웹 프로젝트 생성

이클립스에서 웹 페이지를 실행하기 위해 웹 서버를 설정한다. 설치된 웹 서버의 버전에 맞는 환경을 선택해야 한다.

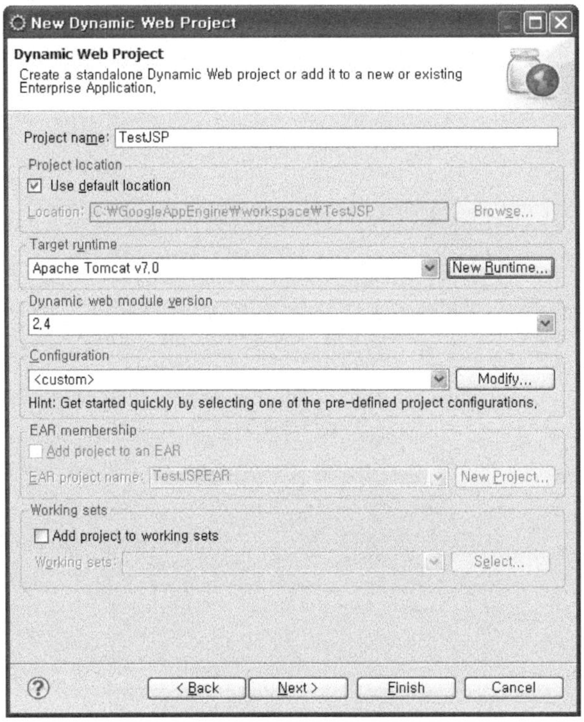

그림 13-15. 웹 프로젝트 생성

JSP 파일을 생성한다.

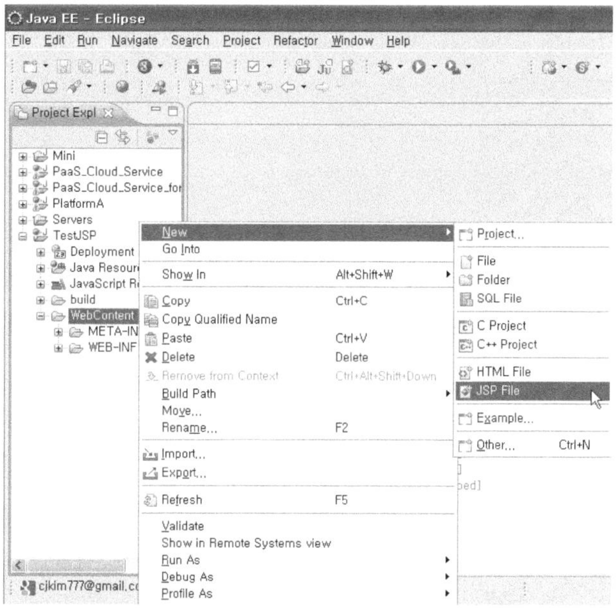

그림 13-16. JSP 파일 생성

JSP 코드의 기본 템플릿을 자동생성한다. 생성된 코드에는 HTML 기본 구조와 page 디렉티브를 포함한다.

```
<%@ page language="java" contentType="text/html; charset=EUC-KR"
    pageEncoding="EUC-KR"%>
<!DOCTYPE html PUBLIC "-//W3C//DTD HTML 4.01 Transitional//EN" "http://www.
w3.org/TR/html4/loose.dtd">
<html>
```

```
<head>
<meta http-equiv="Content-Type" content="text/html; charset=EUC-KR">
<title>Insert title here</title>
</head>
<body>

</body>
</html>
```

생성된 코드의 〈body〉 태그 내에 다음의 JSP 코드(스크립트릿)를 개발한다.

```
<%
  String data = “Hello JSP”;

out.println(“<h1>”+ data + “</h1>”);

%>
```

이클립스 내에서 실행하기 위해서 해당 JSP 파일 위치한 후 Run As / Run on Server 를 선택하면 서버를 시작 후에 해당 JSP 파일을 실행한다.

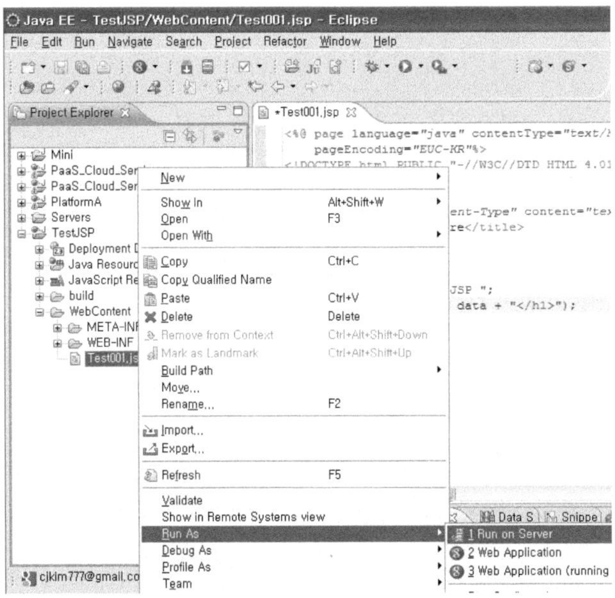

그림 13-17. 웹 페이지 실행

실행된 결과는 이클립스에 내장된 브라우저에서 확인할 수 있다.

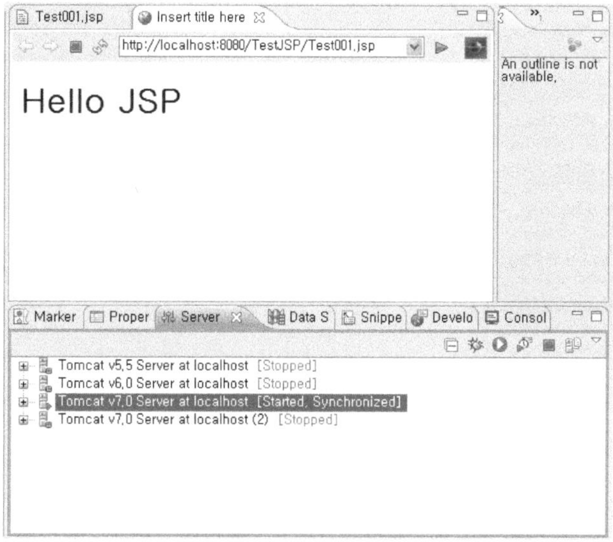

그림 13-18. 웹 페이지 실행 결과

아래 콘솔 창에 빨간색 신호(■)는 서버가 현재 시작되어 있다는 것을 의미한다. 서버를 중지하기 위해서는 빨간색 신호 버튼을 클릭하면 된다. 서버를 다시 시작하기 위해서는 녹색 버튼(▶)을 클릭하면 된다.

1.4 UML 설치

본 교재에서는 무료 소프트웨어인 StarUML 설치 과정을 알아본다. 다음의 사이트에서 다운로드받을 수 있다.

http://staruml.sourceforge.net/en/

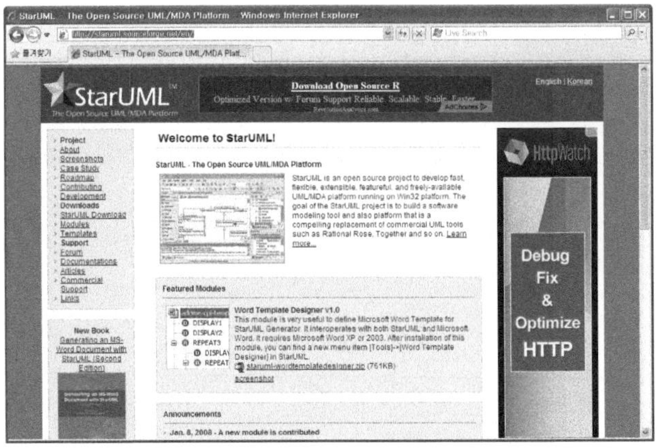

그림 13-19. StarUML 다운로드 사이트

다운로드받은 다음 파일을 실행한다. 버전에 따라 실행 파일명은 다르다. 현재의 파일은 5.0 버전의 설치 파일이다.

```
staruml-5.0-with-cm.exe
```

설치가 완료된 후 실행하면 다음과 같은 로고로 실행된다.

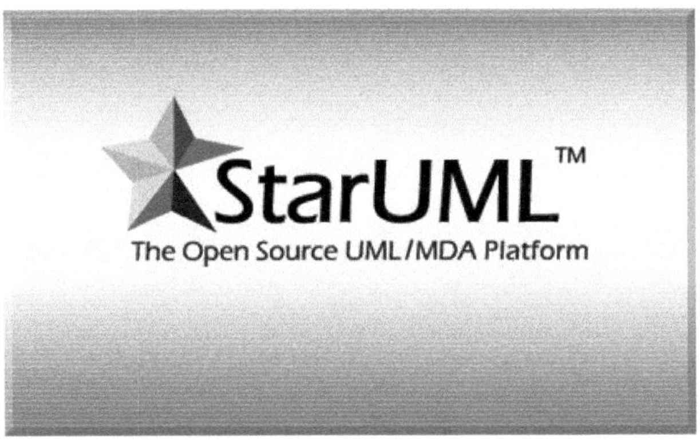

그림 13-20. StarUML 실행

StarUML 설계 환경은 다음과 같다. Model Explorer는 설계 다이어그램(Diagram)을 정의할 수 있는 영역이며, 왼쪽의 Toolbox, Annotation, Class 등은 설계를 위한 도구(표기, Notation)가 제시되어 있다. 이러한 설계 도구를 이용하여 중앙의 설계 창에 설계를 수행할 수 있다.

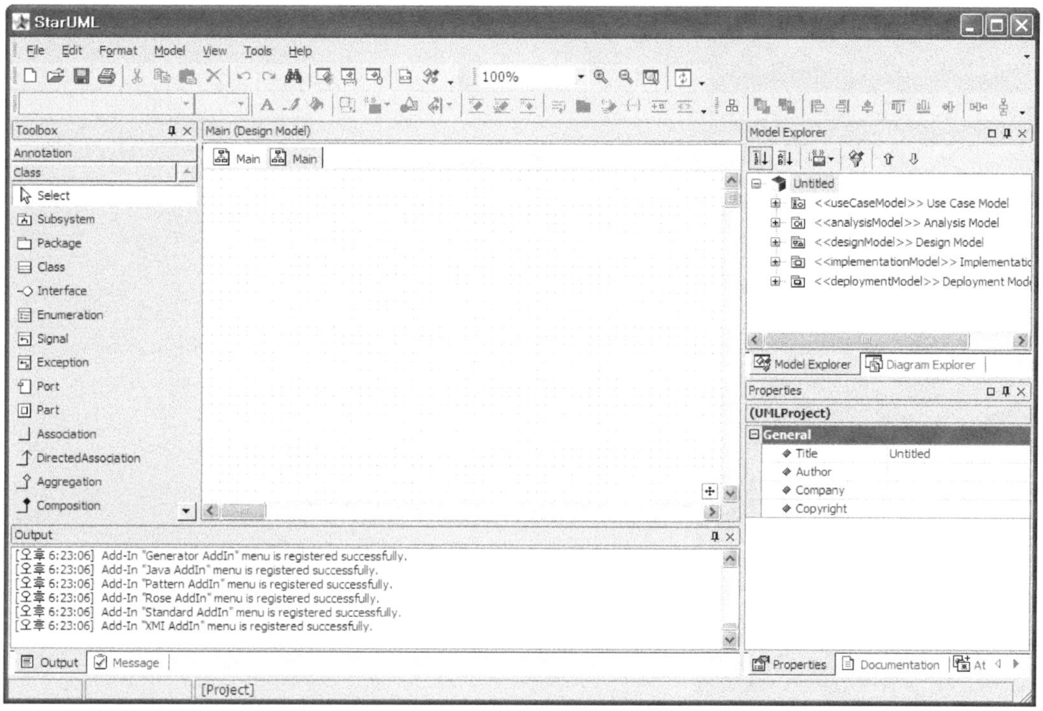

그림 13-21. StarUML 설계 환경

연습 문제

1. 객체지향 설계 및 구현 환경을 구축하시오.

- JDK 설치하시오.

- 웹 서버(Tomcat)를 설치하시오.

- 이클립스를 설치하시오.

- UML(StarUML)을 설치하시오.

INDEX

저자소개

김철진
인하공전 컴퓨터시스템과 교수
삼성전자 책임연구원

조은숙
서일대학교 컴퓨터소프트웨어과 교수

배동희
㈜유젠커머스 이사
㈜블루코어 기술연구소장
㈜디지털오션 부장

UML과 JAVA로 배우는
객체지향 설계 및 구현
핵심적이고 간결한 설명으로 쉽고 빠르게 객체지향 정복하기 2판

인 쇄 2016년 7월 22일 3쇄
발 행 2016년 7월 29일 3쇄

인지

저 자 김철진, 조은숙, 배동희
발 행 인 채희만
출판기획 안성일
영 업 김우연
편집진행 우지연
관 리 최은정
북디자인 디자인허브
발 행 처 INFINITYBOOKS
주 소 경기도 고양시 일산동구 하늘마을로 158
대방트리플라온 C동 209호

대표전화 02)302-8441
팩 스 02)6085-0777

Homepage www.infinitybooks.co.kr
E-mail helloworld@infinitybooks.co.kr

I S B N 978-89-92649-96-4
등록번호 제25100-2013-152호
판매정가 22,000원